ZAQUEU *e* JESUS

EDITORA EME

Solicite nosso catálogo completo, com mais de 500 títulos, onde você encontra as melhores opções do bom livro espírita: literatura infantojuvenil, contos, obras biográficas e de autoajuda, mensagens espirituais, romances, estudos doutrinários, obras básicas de Allan Kardec, e mais os esclarecedores cursos e estudos para aplicação no centro espírita – iniciação, mediunidade, reuniões mediúnicas, oratória, desobsessão, fluidos e passes.

E caso não encontre os nossos livros na livraria de sua preferência, solicite o endereço de nosso distribuidor mais próximo de você.

Edição e distribuição

EDITORA EME
Avenida Brigadeiro Faria Lima, 1080 – Vila Fátima
CEP 13369-040 – Capivari-SP
Telefones: (19) 3491-7000 | 3491-5449
Vivo (19) 9 9983-2575 | Claro (19) 9 9317-2800
vendas@editoraeme.com.br – www.editoraeme.com.br

@editoraeme /editoraeme editoraemeoficial @EditoraEme

César Crispiniano
pelo espírito Marie Sophie

ZAQUEU *e* JESUS

Capivari-SP

Os direitos autorais desta obra foram cedidos pelo autor para a Editora EME, o que propicia a venda dos livros com preços mais acessíveis e a manutenção de campanhas com preços especiais a Clubes do Livro de todo o Brasil.

A Editora EME mantém o Centro Espírita "Mensagem de Esperança" e patrocina, junto com outras empresas, instituições de atendimento social de Capivari-SP.

1ª reimpressão - março/2023 - de 5.001 a 7.000 exemplares

CAPA | André Stenico
DIAGRAMAÇÃO E PROJETO GRÁFICO | Joyce Ferreira
REVISÃO | Rubens Toledo, Irene brito e Maria José Antonieto

César Augusto Félix Crispiniano
Celular: (89) 9 9978 6996
cesarcrispim@yahoo.com.br
Rua Frutuoso Pacheco, 483
Floriano-PI
CEP - 64.806-230

Ficha catalográfica

Marie Sophie (espírito)
Zaqueu e Jesus / pelo espírito Marie Sophie; [psicografado por] César Crispiniano - 1ª reimp. mar. 2023 - Capivari, SP: Editora EME.
280 p.

1ª ed. abr. 2022
ISBN 978-65-5543-069-1

1. Obra mediúnica. 2. Época de Jesus. 3. Conversão de Zaqueu. 4. Cristianismo nascente.
I. TÍTULO.

CDD 133.9

SUMÁRIO

Segunda parte – *Na presença do Cristo*

Terceira parte – *Após o encontro com o Cristo*

ANTE A NOVA ERA

ERA VERÃO, O SOL aquecia pensamentos, serenava ideias e despertava sentimentos; incidia como fogo sobre a terra, projetando-se sobre ela e fazendo germinar sementes de amor, de intrigas, de ervas daninhas e salutares.

O sol brilhava para todos e forçava os judeus a trajarem vestes leves, rústicas e, mesmo assim, arrastava-os, sufocava-os. Para suportar, eles transitavam por lugares úmidos. Elos entre sensações espirituais e materiais cresciam, energias revelavam o quanto necessitavam permutar sentimentos no caminho evolutivo e como o universo intrínseco ao ser expandia-se ao encontro do outro. O clima castigava o dia e suavizava a noite. Na transição claro-escuro, partículas tornavam-se gotas de orvalho, chuva torrencial ou névoa leve. O organismo, sob efeito das intempéries, enfraquecia-se. O silêncio convidava ao repouso, e as dores musculares, ao sono profundo.

A noite caiu por inteira. Na serenidade, durante o sono, o desdobramento espiritual proporcionou liberdade aos judeus e a oportunidade para alcançarem patamares desconhecidos. Os sentidos se aguçaram, e o mundo intuitivo ganhou força, deixando no repositório cerebral a vida cartesiana.

Ao entrarem no Mundo Espiritual, anjos obreiros nas lidas do bem os recepcionaram, trazendo instruções sobre o dia do Senhor. Estava próximo o nascimento do cristianismo. Novos desejos acenderam: era o amor em missão singela de esclarecimento. Sob o sol, abajur único de Deus, sentaram-se. Estavam em um imenso salão, de largas paredes e pinturas que remetiam às cenas da chegada dos judeus a Israel. No assoalho, pequenos retângulos revelavam a imagem do Cristo; a claraboia e o teto tinham vitrais perfeitos, abordando temas astronômicos. O conjunto refletia os dias vindouros.

Havia, ali, mais de cinco mil espíritos em processo de desdobramento durante o sono. Sem o uso de equipamentos de projeção sonora, ouviriam a palestra proferida por singular amigo. A sonoridade viajaria nas partículas espirituais subatômicas e projetar-se-ia nos sentidos dos ouvintes. Ele, o orador, ampliaria o próprio campo mental para envolvê-los e garantir-lhes paz. A lição essencial para despertá-los à união far-se-ia de imediato. Pressagiando, o vento morno, suave e perfumado aquietou-se. Raios tênues e cintilantes cortaram o espaço colorindo-o, projetando luz.

Interrompo a descrição para relatar a preleção do orador, a fim de compreendermos o porquê das cenas que serão lidas nas páginas seguintes.

– Desçam o cume! Busquem mares, rios, lagos! Evitem o joio para o trigo frutificar no tempo certo e tornar farta a colheita do Senhor. No dia da vinda, muitos serão escolhidos, porém poucos se colocarão à disposição. O lago de Genesaré, espelho d'água que abriga a imagem celeste, revelará o Enviado e será berço do cristianismo. Sua areia registrará as pegadas do Messias, e seu manancial abrigará as lembranças.

Pensamentos, ali presentes, revelarão o nível de consciência de cada um, e a natureza indicará a trajetória do homem rumo a Deus, pois o segredo do Universo corre na seiva como corre na veia, guardando-se em um pingo d'água. Lagartos, pássaros e peixes do lago ali apanharão os nutrientes, viverão e crescerão. Instintivamente, cumprirão a jornada planejada por Deus e darão vida a outras espécies que também rumarão a novos destinos. Essa sequência lógica da criação e seus resultados são exemplos do que acontecerá com a humanidade após o contato com o filho de Deus. Será preciso observar do menor ao maior para perceber a vontade imensa do Criador. Então, entardecerão os antigos ensinamentos, amanhecerão diferentes ideais, alvorecerá nova vida. A verdade se revelará conforme os olhos de quem a mirar e os impulsionará a outras experiências, quando vontades se transformarão, entrelaçando-se a outras verdades. Será o ser coparticipando da reelaboração do Universo lentamente, de forma quase imperceptível, perseguindo os desígnios divinos. Daí surgirá a necessidade de se compreender o amor, de a Luz vir à matéria para certificar o corpo humano como veículo capaz de atingir a meta almejada. Se um ser como Jesus habitará a matéria densa que constitui o homem, por que o homem não se tornará um Cristo, ao purificar a própria densidade também neste planeta? Muitos alcançarão a perfeição aqui na Terra, enquanto outros viajarão por diversos mundos em busca de evolução. O Reino de Deus é o coração do ser, e a consciência, a regra de conduta. Seguindo essas metas, todos alcançarão a sublimação. Breve, muitos percorrerão as ruas da Galileia, da Judeia e da Idumeia como andarilhos em busca de conhecimento. Alguns desbravarão o mundo dos gentios para levar a sabedoria; outros cumprirão a missão no lar, no dia a dia, junto aos seus. Ao despertarem, quando medirem as ações do próximo, usem os mesmos pesos e medidas convosco! Conforme forem amados, amem! Conforme forem perdoados, perdoem! Conforme forem abençoados, abençoem! E caso não o sejam, ainda assim amem, perdoem e abençoem indistintamente! Levem alhures o amor despertado em vocês; não o refutem nem o regateiem. Distribuam-no em abundância e receberão em abundância! Deleitem-se nas virtudes do Senhor, mas não neguem essa alegria a outrem nem mesmo diante da traição, da dor ou da agonia que venham a sentir. Façam da vontade do Pai a sua! Permitam que a Boa Nova seja semeada! Agora, retornem ao plano material e recordem-se da vontade firme de seguir Jesus, o Messias vindouro. Há séculos, almejam-se as virtudes divinas e o soerguimento do cristianismo. Não desperdicem a oportunidade de crescer, de contribuir, de participar. Ao despertarem, muitas lições aqui vivenciadas, transformar-se-ão em vagas lembranças; serão nuvens com desenhos indefinidos. A matéria revelará seu poder sobre a vida perecível e o quão a ela somos submissos. Talvez concluam ser melhor viver as benesses do ouro, despejadas a mãos cheias. Talvez sintam a febre colossal dos deleites superficiais; talvez os abrolhos das incertezas retornem aos corações; talvez ideias diversas nos invadam, e o tempo se encarregue de transformar este encontro em quimera merecedora de esquecimento. Mas aqui, a semente foi lançada e, na hora certa, ela romperá o solo pedregoso, mas fértil, dos corações. Assim, frutificarão e derramar-se-ão sobre toda a Terra, aos milhares, os ensinamentos do Cristo. Sigam ao encontro do Amor!

A voz silenciou. Um novo despertar aguçou a sensibilidade de todos.

Marie-Sophie

PRIMEIRA PARTE

Antes do encontro com o Cristo

Capítulo 1

A EMBOSCADA

ESTREITA PASSAGEM IMPEDIA VEÍCULOS e pedestres de seguirem juntos. Surgiam enormes filas, tumultuadas e cansativas, que se alongavam até a extremidade da estrada, em meio ao quente deserto, indicando proximidade com Jericó, pouso derradeiro da caravana do publicano. Um cruzamento perigoso sucedia, e liteiras vindas do norte paravam, dando passagem às outras que seguiriam para leste ou para oeste.

Fossem das árvores ou das baixas montanhas rochosas, as sombras projetavam-se enquanto desenhavam silhuetas sinistras sobre veículos. Liteiras cobertas de adereços belíssimos destacavam os proprietários e identificavam a opulência deles. O tropel estridente da cavalaria revelava a proximidade do cortejo. Curiosos e aficionados pelo brilho do ouro acompanhavam o desfile que mais se assemelhava a um carrossel de luzes.

Belos, com corpos bem delineados como os centuriões, escravos da caravana do publicano lembravam os bravos deuses da guerra, Ares e Marte. Conduziam as liteiras e exibiam vigor através das poucas vestes – o verão não estimulava o uso de tecidos pesados. Na pele oleosa, escorria o suor por entre músculos, seguindo das reentrâncias da pele até as extremidades inferiores e, então, alcançava a terra seca.

O cenário era singular: vento forte, porém escaldante; aroma da terra misturado ao das flores campestres, com vegetação baixa e escura. Novamente as liteiras pararam. Segurando cantis, os escravos alcançaram o poço. Primeiro, saciaram a sede do publicano no interior da liteira; depois, mataram a própria e, paralelamente, a dos animais.

Seguiram viagem e tão logo atingiram a estrada destinada aos moradores de Jericó, a mão do publicano, levemente, fez correr a cortina no interior da liteira central. Foi algo incomum. Por instantes, avistou-se o nobre homem com pouco mais de cinquenta anos e, logo, viram-se outros que o acompanhavam. Não foi possível identificar todos.

Outra parada, e o ritual repetiu-se: os escravos apanharam frutas, saciaram a fome do publicano, abasteceram os cestos para o restante da viagem e, na sequência, os animais se alimentaram. O silêncio pespontava essa ação.

Diferentes cidadãos, culturas e espaços daquela estrada formavam uma colcha de retalhos; cada retalho um ser, cada ser um templo.

"Impressionante!" – com vista cansada, mas perspicaz, Samiel, o escravo líder da caravana do publicano, continuou sua observação – "multidão de leprosos e aleijados segue para a Galileia! Nunca vi tanta miséria rumando para o norte. Faces cansadas, sujas, disfarçam-se entre turbantes e mantas, mas não há como esconder tanta dor!"

Violentamente, animais e homens pararam. Um certo instrumento sonoro, no interior da liteira, sentia a pressão dos dedos do publicano na tentativa de dali extrair breve canção. Com a brusca interrupção, ele desistiu da música e ameaçou descer. Samiel e outros escravos formaram uma barreira humana rente às saídas para impedi-lo.

– Desordeiros nos cercam – informou Samiel ao publicano, imaginando serem eles de origem desconhecida.

Destacando-se, o líder dos desordeiros tentou anunciar o objetivo do cerco. Antes de ele se pronunciar, Samiel, com voz grave, olhar observador e ameaçador, deixou o vilão estarrecido:

– Em honra ao rei David: não te aproximes dos veículos! Daremos o sangue e a vida em defesa dos amos.

– Incrível! Esse homem é escravo! – junto aos companheiros, o líder dos desordeiros comentou.

Para garantir a segurança da caravana, os demais escravos aproximaram-se de Samiel, mas o anúncio do desordeiro os fez estremecer:

– Somos judeus, humilhados em nossa crença mais sagrada. Gideão nos ensinou a vencer o maior dos exércitos com apenas 300 homens. Exceto teus donos fazem parte de nossos costumes. O conflito é prejudicial. Conversarei com o músico no interior da liteira – e gargalhou, deixando visível a ameaça das armas em ferro fundido, polidas e afiadas na pedra e no fogo, prontas para serem usadas.

O cenário se modificou: passou-se da percepção suave de novas ideias, observadora das alterações na Galileia, para momentos de ódio e de apreensão, também próprios daquela época.

– Aborda-me! – Samiel parou rente às liteiras, impedindo a proximidade dos agressores.

– Por Salomão! Nada vi igual em Israel! Escravos defendendo proprietários imundos, corruptos; usurpadores dos bens judeus! – furioso, o agressor continuou:

– Ignorante! Saquearei esses desonestos e dar-te-ei liberdade. Desconheces essa possibilidade? Não a desejas?

– Retira-te, ignorante! Imediatamente! – Samiel ameaçou – de qual autoridade te incumbiste para interromper nossa passagem? Quem a deu a ti?

– Um escravo que não deseja a liberdade! Porventura és lunático?

– Lunáticos desrespeitam a propriedade alheia e descambam para a vulgaridade. Analisa qual de nós atende a tal perfil!

Franzindo a face, o desordeiro selou os lábios; seu sangue quase derramou das têmporas. As armas, paradas, não eram mais tão potentes.

– Somente aos tolos a escravidão encanta. Tua passagem está condicionada ao pagamento de pedágio – continuou o desordeiro.

– César cobra-nos os tributos. Desconheço a obrigatoriedade de outras taxas para trânsito livre nesta estrada – redarguiu o escravo.

– Pagarás a mim.

– Desconheço absurda obrigação!

– Arrogante! Imprudente! Insubordinado! – ergueu o braço para desferir o golpe no rosto de Samiel.

Ambos os grupos estarreceram; tropéis e burburinhos misturaram-se. Ante o olhar inflexível de Samiel, o braço do agressor paralisou-se.

– Algo medonho marca esse rapaz. É anormal sua coragem! Gestos suaves, porém, firmes, denotam honradez, segurança, placidez. Muito me agraciaria tê-lo em meu bando! Um escravo trajando qualidades distantes dos homens comuns – meditou o desordeiro antes de verbalizar – se és escravo e te conformas com tal situação, é lamentável, mas acima de tua estupidez estão os meus objetivos – ele dissimulava.

– Impostos cobrados por César, na Judeia, vão para Roma. Cobro taxas que ficarão aqui, comigo.

Por entre as franjas da cortina da liteira central, uma mão acenou, e Samiel atendeu ao sinal. O publicano entregou-lhe uma pequena bolsa. O escravo entendeu: aquele seria o pedágio que, injustamente, pagariam. Recebeu a bolsa e dirigiu-se aos desordeiros.

– É o que possuímos! – Samiel entregou-lhes a bolsa.

A quantia era mais do que suficiente. Os desordeiros deram-se por satisfeitos, montaram nos cavalos e desfizeram o cerco, permitindo a passagem da caravana.

– Sabe – de cima do cavalo, o falso cobrador de pedágio aparentava mais assustador – que se passares por aqui novamente, serás taxado, principalmente por ser romano o vosso amo. Se tributarmos a César, César tributará a nós – as mulheres apressaram-se, evitando ser capturadas. Até o término da jornada, não parariam para abastecer; seguiriam diligentemente.

Quando os cavalos cessaram o trote, que deixava vincos profundos na areia, alcançaram o pouso derradeiro em Jericó. Escravos e servos retiraram objetos de viagem, levaram os animais para o interior da propriedade e puseram ordem nas ideias. Silenciosamente, o publicano abandonou a liteira, adentrou a residência, buscou segurança.

Após estarem acomodados, portas foram fortemente seladas e vigiadas, enquanto os escravos divagavam sobre o episódio na estrada.

– Antes inviolável, a integridade do publicano fora vilipendiada – iniciou Samiel, trazendo um punhal nas mãos.

– Teria acontecido pior. A morte rondou a cena e pôs

trégua somente quando quis. Não tínhamos nenhuma arma! A sorte foi-nos amiga. Nunca ladrões muito violentos contentar-se-iam com aquele saquinho de moedas - um dos escravos comentou sob a luz da lua.

- Vi muitas caravanas saqueadas e mulheres abusadas por seres desprezíveis que confundem atos justos de protesto com agressões à liberdade alheia - outro completou o raciocínio, enquanto apanhava água para asseio em uma das gamelas próximas.

- Os desordeiros eram homens comuns, judeus como nós, possivelmente de classe opositora ao domínio romano. Ladrões vulgares! Tinham objetivos definidos, mas não interromperam ainda mais nossa jornada porque era grande a quantia na pequena bolsa que lhes dei. Ao contrário do que pensas, contentaria qualquer desordeiro - finalizou Samiel, dando a entender que era hora de recolher-se.

O publicano apagou a lamparina no andar superior. Nenhuma palavra a mais foi dita entre eles, para a tranquilidade do sono.

Capítulo 2

A CARTA A SER ESCRITA

O PEQUENO PALÁCIO DO publicano tinha colunas majestosas, com jardins: uns aqui e outros acolá, proporcionando, ao lugar, ares de beleza incomum. Certamente, fora planejado por alguém apaixonado pela natureza. Situava-se em Jericó, uma das cidades mais prósperas da Judeia, como um oásis naquela região. Os escravos, treinados para o trabalho doméstico, serviam nos salões e nos quartos. Os demais dispunham-se no pátio, na segurança e no plantio. Samiel assumia posto de comando.

Transcorrida a noite veranil, o incêndio diário iniciou-se no céu, alargando seus braços sobre a cidade a distender a luz, o calor e a energia necessários à natureza para reelaborar-se. Agitado, cabelo desalinhado, preocupado com o ocorrido na estrada, o publicano despertou. Pôs a capa e calçou as sandálias numa rapidez incomum.

Nem bem a claraboia lateral vazou luminosidade, ele convocou uma reunião de urgência com os escravos. Ouviria a narrativa deles sobre o episódio do dia anterior, exigiria detalhes, argumentaria e contra-argumentaria. As falas aconteceriam conforme viessem as lembranças.

Reforçaram a ideia de serem desconhecidos os desordeiros. Decerto, teriam vindo de outra região, provavelmente dos arredores de Jerusalém. Saqueavam, visando financiar as rebeliões contra Roma.

Com a saturação dos argumentos e tendo coletado informações suficientes, Samiel redigia a carta que seria entregue nas mãos do atual representante de Roma em Jerusalém, quando o publicano se recordou e lhe disse:

– Em décadas anteriores, o cônsul romano Cneu Pompeu, ao invadir Israel, pretendeu levar para Roma o maior tesouro de nosso povo: grandes maravilhas deixadas pelos profetas do passado, entre elas, a Arca da Aliança, na qual os sucessores de Moisés guardaram a fortuna. Era tanta a importância da Arca, que Salomão e outros reis ergueram templos suntuosos para protegê-la; adoradores partiam de lugares longínquos para render-lhe votos de louvor. Contudo, essa foi a maior decepção de Cneu Pompeu, pois imaginava o tesouro judeu composto de joias preciosas e não das duas tábuas contendo as Leis Judaicas, de um vaso de maná e do bastão de Aarão. Diante da frustração, retirou-se. Para governar a região, designou outros comandantes – o publicano apanhou cachos de uva próximos e degustou-os – durante décadas suportamos todos os tipos de agressões, que iam desde a perda dos objetos sagrados e de poder político até a usurpação dos direitos de propriedade. Roma subjugou nosso país implantando o mesmo processo pacífico de dominação imposto a várias regiões do mundo. Houve mais diplomacia para fechar acordos do que uma guerra propriamente dita. Ao reconhecer a inferioridade bélica da nação, nós, judeus, demo-nos por vencidos para evitar derramamento de sangue. Então, instalaram-se novos pontos de arrecadação de impostos. O fruto de nosso trabalho passou a ser enviado à sede do Império Romano. Foram-nos retirados os poderes sacerdotais judaicos, resolução ditada por Pompeu e amargada pelos Doutores da Lei Religiosa. Mantiveram nossos direitos próprios da religião professada, mas sem poder para condenar à morte os criminosos. Vereditos limitaram-se à condenação por castigo ou banimento; em caso de morte, somente o representante legal de Roma na Judeia condenava o réu ao suplício final - agora, o publicano tomou do vinho servido pelo escravo - para melhor governabilidade, o território foi dividido em regiões, cada uma sob a responsabilidade de autoridade local. A Judeia ganhou destaque por abrigar grandes cidades, entre elas, Jerusalém, que exerce forte influência política, religiosa e cultural sobre os cidadãos locais e comunidades vizinhas - olhou distante como se visse as imagens projetadas diante de si - tempos depois, Herodes, "O Grande", rei de Israel, cedeu o território para a travessia do exército romano durante as conquistas de novas terras em países vizinhos, além de oferecer, aos centuriões, mulheres, casa e alimento. Em troca, Octaviano César, o Augusto, enviou tropas para proteger Herodes de seu próprio povo, que o odiava e planejava sua derrocada. Com a morte de Herodes no ano quarto antes da era comum, Arquelau, seu filho, teve o apoio romano para governar a região da Judeia. Porém, ao invés de promover a paz, o jovem tirano instalou a desordem com grande derramamento de sangue, durante confrontos com judeus que não suportavam suas arbitrariedades. A situação acirrou-se, e Octaviano enviou um representante direto para organizar o poder político e pôr fim aos conflitos entre povo, governo e religião. É esse representante que hoje ocupa o cargo maior, denominado "prefeito". Pôncio Pilatos, esposo de

Cláudia Prócula, deteve-o – o publicano tomou outro gole de vinho antes de continuar – Pilatos aumentou a discórdia com sua chegada e, com abuso de poder, manteve as determinações. Construiu residência em Jerusalém, para garantir que os recursos vindos das taxas fossem enviados à sede do Império, aumentou o número de cobradores de impostos e impôs regras arbitrárias. O uso de símbolos romanos em templos judeus, a adoração a deuses pagãos e o excesso de castigo aos supostos desordeiros de origem judaica passaram a fazer parte de nosso cotidiano. Revoltas crescentes ocasionaram a formação oculta de exército judeu maior do que o romano, mas sem recursos bélicos suficientes para um confronto armado.

Samiel ouvia as narrativas do amo com entusiasmo; elas contribuíam para seu aprimoramento intelectual. Ele sempre expunha opiniões que demonstravam esse seu interesse. Aliás, fora inusitada a forma como ele chegou à casa de Zaqueu anos atrás, oferecendo-se, voluntariamente, para ser escravo. Contou que honrava seus pais, que eles descendiam da tribo de Manassés, que também amava somente a Deus e que se interessava pelos estudos; a obediência era sua regra. Por fim, revelou sua vontade de crescer e parecia determinado nisso, tanto que o publicano não se questionou antes de aceitar a proposta dele de servir-lhe como escravo; ser-lhe-ia útil. Depois, a revelação da morte de seus pais por soldados romanos e o desprezo dos demais parentes – que o abandonaram para que morresse sem importuná-los – vieram à tona. A beleza dele era invejável, a musculatura definia o corpo. Executava um pouco de tudo e, ao contrário dos outros escravos, sabia ler e escrever. Logo ganhou destaque em meio aos demais, dedicando-se exclusivamente aos interesses do amo. Alfabetizado, redigia os documentos da família, ainda lhe cabendo a obrigação de solucionar pequenos assuntos; agia como um escriba.

- Dois pontos, apenas, merecem destaque no cerco ocorrido na estrada, promovido pelos desordeiros: primeiro, houve equívoco em relação à origem de tua família - Samiel disse ao publicano - imaginaram tratar-se de romanos e, como evitavam maiores complicações com Pilatos, haja vista ainda não estarem fortemente armados para uma guerra, deixaram-te partir ileso. Contudo, por mais que seja rica e esteja em caravana digna de grande senador, tua família é judia; segundo, é o valor levado injustamente. Diante da quantia transportada em segredo na liteira, aquele fora insignificante. Em verdade, tu és grande administrador do Império Romano, encarregado de recolher impostos dos coletores das pequenas cidades, ou seja, és chefe de publicanos, transportavas tributos de, pelo menos, um mês de arrecadação, que será enviado a Tibério César em poucos dias - o publicano admirou como o escravo concluiu a cena vivida dia anterior.

Quando Samiel finalizou a carta que seria entregue ao prefeito Pilatos, narrando a violência dos desordeiros, a informação do imposto arrecadado e transportado às escondidas foi omitida. Se o manuscrito caísse em mãos erradas, despertaria, em quem o lesse, o interesse pela fortuna e, quem sabe, algum astuto poderia roubá-la, o que despertaria em Zaqueu, publicano e senhor daquela caravana, ódio eterno.

Capítulo 3

O ENCONTRO

SAMIEL ENCARREGOU UMA PEQUENA caravana para entrega da carta ao prefeito Pilatos. Enquanto isso, Joaquim, o primogênito de Zaqueu, cuidava da plantação nos arredores da casa. Foi quando uma figura estranha para a população de Jericó, mas suficientemente viva para percorrer ruas e becos, parou ante o fino portão de madeira roliça da entrada. Joaquim veio atendê-la, trazendo na mão direita uma arma branca, tipo punhal lapidado, com cabo de resina e corpo de osso. Na esquerda, um cesto de frutas colhidas no pomar podia ser visto, além do candeeiro.

– Em que posso ser útil? – interrogou Joaquim, que tinha pouco mais de vinte anos, semblante calmo, traços elegantemente femininos, como os dos romanos.

Sem dar passagem à desconhecida, segurou firme a porteira. Ainda pensou em erguer a candeia à altura do rosto dela, mas recuou. Não era de seu interesse o contato com mulheres perambulantes.

– Venho da parte de Abimael, trago notícias para Zaqueu – respondeu-lhe a garota, com timbre sonoro débil.

Amedrontava-lhe a presença masculina. Receou e deixou a face mover-se sentido ao chão, em ato de submissão.

– Estranho! Vagas ao declinar do dia, não trazes nada nas mãos, nem mesmo uma carta de recomendação possuis em teu poder...Por que deveria chamá-lo? Imaginas o chefe dos publicanos de Jericó ser alguém sem afazeres para receber-te a qualquer momento? Que realmente desejas tratar com ele?

– Temo não te responder como deveria. A informação que conduzo no pensamento será revelada somente a Zaqueu. E, pela aparência, tu não és ele, estou certa ou me engano? – a penumbra escondia a face da jovem, mas a voz denunciava sua mocidade.

O rapaz impressionou-se com a ousadia dela. Meditou: "Muito convicta nas afirmações, com aparente cultura e educação formal!" – no entanto, iluminou-a com o candeeiro e revelou-se desrespeitoso – "suas vestes estão em farrapos! Pessoas dessa idade e com pouco poder aquisitivo não têm educação suficiente para travar diálogo comigo! Ainda mais, uma mulher!"

Enquanto depositava intenso olhar sobre as mãos dela, continuou:

– Sinto, mas se não me convences da importância de tua presença aqui; não te darei passagem! Não incomodarei papai para narrar histórias triviais, sem sentido aos homens de muito trabalho e responsabilidades.

– Quando disseres que Karen, filha de Abimael, espera-o rente ao portão de sua casa, garanto-te que ele virá pessoalmente abri-lo para mim!

"Que ousada!" – Joaquim devaneava: poderia pô-la a correr de minha porta em instantes. Afinal, o portão de madeira é baixo, contíguo ao pequeno muro de pedra, sendo fácil saltá-lo. Mas ninguém ousaria fazer isso por respeito aos donos da propriedade. Essa garota tampouco o fará. Para desmascará-la e destruir sua arrogância, aceitarei o desafio. Pensei que a noite me brindaria com bela sesta ao luar, uma vez que não suporto o calor da tarde para o descanso. Mas agora, o desafio da intrusa atordoa-me, colocando em dúvida a afirmação que fiz. Então, em vez de abrir o portão, vou até meu pai, que está na sala reservada, trabalhando, peço desculpas por interrompê-lo em sua tranquilidade e informo-o da presença da jovem que o aguarda no portão de nossa residência.

Assim foi feito, e grande foi a decepção do moço, pois, Zaqueu, ao ouvir o nome "Karen", voou em direção ao portão, abrindo-o rapidamente. Em seguida, abraçou-a, afagando-lhe os cabelos e beijando sua face, semelhante a um pai que recebe de volta em casa a filha que vivia distante.

"Quanto carinho!!! Por quê?" – Joaquim continuava devaneando – "de onde provém esse afeto? Seria alguém de nossa família que desconheço? Porque, nem com nossos parentes, papai age tão amavelmente."

– Filho, vê! É Karen, filha de Abimael, meu ex-sócio! Quando vivíamos na cidade de Betânia, acumulamos grande patrimônio – Zaqueu explicou com euforia.

– Não me recordo. Viemos para cá ainda menino, praticamente não me lembro de nada que vivemos em Betânia, a não ser de alguns meninos que brincavam comigo na rua. Lamento não compartilhar de tua alegria em rever a jovem! Mesmo assim, é uma honra tê-la em nossa casa – ele esforçava-se para ser gentil e lembrar-se dela, mas era impossível.

– Chama tua mãe e tua irmã enquanto fico a par dos últimos lances! Comemoraremos a chegada desta joia singular – Zaqueu pediu ao filho.

Antes de sair, ao passar o candeeiro às mãos do pai, o garoto ergueu-o, dessa vez para revelar as particularidades do rosto de Karen.

"Como é bela!" – Joaquim refletiu por alguns instantes, antes de sair para atender ao pedido do pai – "os olhos castanhos escuros e a pele marrom-clara ajustam-se aos longos cabelos negros. Quanta serenidade na face! Quanta simplicidade no olhar! Estava cego e agora recobro a visão? Quase não a deixei entrar! Se houvesse partido sem admirar tanta beleza, jamais me perdoaria!"

Em breve tempo, reuniram-se: Raquel, esposa de Zaqueu, que acarinhava o rosto de Karen com muita afeição, e os filhos do casal, Sarah e Joaquim que, sentados em almofadas jogadas ao chão, assistiam à cena, apreensivos.

– Karen ficará conosco. Abimael foi responsável pelo acúmulo de boa parte de nossa fortuna; ensinou-me a mercadejar. Minha sabedoria bebeu daquela fonte. Porém, segundo informações da jovem, quando o estimado amigo tentou resistir às imposições romanas, foi brutalmente assassinado. A menina ficou órfã, somente a vida lhe restava. Mas, esperta, guardou meu nome e o da cidade em que residimos. Ela chegou até nós perguntando a um e a outro. Sob a proteção divina, encontrou-nos antes que algo de mal lhe ocorresse – Zaqueu informava à família.

Karen contou-lhes como o pai desfiava assuntos, como falava com carinho do amigo Zaqueu e como, juntos, acumularam uma verdadeira fortuna. A força da explanação da jovem cedeu lugar às lembranças do publicano, que continuou a narrativa.

– Unido a Raquel e pai de dois filhos, tracei metas para encontrar a região que me recebesse bem e que me oferecesse maior oportunidade de enriquecimento. Era preciso prosperar cada vez mais, aumentar as regalias da família. Ao percorrer parte da Judeia, concluí que Jericó atendia a minhas expectativas. Foi a cidade que me viu nascer e da qual fui embora ainda menino. Situada no caminho que vai para a Galileia e outras regiões de Israel, Jericó tinha um povo humilde, necessitado de tudo que certamente eu teria a oferecer. Esse era o desafio, fazer prosperar uma região castigada! Se o povo sofre carências, são dos carentes que necessito. Não há melhores clientes do que aqueles que de tudo carecem. Retornei a Betânia e, juntamente com Abimael, fiz a partilha de tudo o que tínhamos acumulado, usando de honestidade na divisão. Então, segui viagem, levando comigo os pertences e a família. Chegando a Jericó, ergui uma tenda para abrigar-nos enquanto adquiria lugar melhor para instalar os negócios. Em alguns dias, já habitava a vivenda que pertenceu a um desconhecido e que fora confiscada pelos romanos. Tornei-me desbravador e viajei por terras distantes em busca de mercadorias para vender; o lucro era obrigatório para erguer o império ambicionado. Em um domingo, quando retornava das viagens para casa, fui abordado por guardas romanos que me informaram com urgência a solicitação de Marco Ambítulo, prefeito da Judeia. Dias depois, arrematei, em concorrência pública, o direito à cobrança de impostos em Jericó. Fiquei incumbido de coletar os tributos de outros publicanos que seriam subordinados a mim na região. E como Marco Ambítulo chegou a mim? Vocês devem perguntar-se. Meus familiares solicitaram o cargo ao prefeito, quando souberam que o parente se estabelecia de volta em Jericó, cidade próspera e sob o comando de publicanos que não atendiam aos interesses romanos. Com o prestígio que tinham, foram prontamente agraciados. Parti do palácio com a função de pagar antecipadamente a Roma a parte dela, que jamais seria revestida em benefício de Israel, e de ficar com o restante arrecadado. Para cada região, César estabelece o valor a ser coletado e enviado a ele. O que ultrapassar o teto estipulado, pertence ao coletor.

Finda a narrativa, todos se recolheram, levando um pouco de dúvidas e de certezas sobre a chegada de Karen que, outrora, também teve família e vida honrada.

Capítulo 4

O NOIVADO DE JOAQUIM

PASSARAM-SE DIAS E NINGUÉM percebia a diferença entre Sarah, filha de Zaqueu, e Karen. Frequentavam os mesmos lugares e vestiam-se no mesmo estilo. Para Sarah, a vinda de Karen veio a contento. Seu desejo, desde a infância, era ter uma irmã. Joaquim, o único irmão, não lhe dispensava tempo e, por mais que tentasse chamar sua atenção, encontrava-o sempre envolvido em assuntos financeiros, sem lhe dedicar nenhum zelo por menor que fosse.

Mas, toda tempestade tem seu fim – basta o vento abrandar e os raios amenizarem –, e não seria diferente com o árduo garoto. Ao longo dos dias, depois do encontro com Karen, o comportamento de Joaquim se alterou. Tornou-se mais presente nas reuniões de Sarah com as amigas, acompanhando-as nos passeios que faziam pelo campo e pomar. Abandonava, por vezes, o pai.

"Que absurdo! Agora que tenho a amizade de Karen, dispenso a presença de Joaquim. Não espero que nos faça companhia tão insistentemente. Pretendo discorrer com a amiga sobre particularidades femininas e ele nos importuna! Não serei descortês. Vou permitir que participe dos passeios e fale de assuntos que são de interesse unicamente dele, afinal, sempre o quis por perto. Não sei que profeta o modificou, mas isso não me impede de agradecê-lo" – era Sarah, questionando-se.

Mas o vento segue rumo certo; nada é por acaso. Em um fim de tarde, enquanto passeava pelos jardins da propriedade, Sarah percebeu não ser o irmão o inoportuno, já que entre uma abordagem e outra, Joaquim esforçava-se ao máximo para aproximar-se de Karen, tendo até lhe tocado a mão. Ruborizada, mas sem saída, a moça esquivou-se.

"Não são permitidas intimidades tamanhas com moça de família, mesmo se prometida!" – Sarah continuava travando monólogo interno, enquanto apanhava olivas – "desconfiei das intenções de Joaquim que, sem ser convidado, sempre nos rondava; chegou a importunar-nos com sua presença sem trégua. Como pôde ser tão astuto?!" – agora a verdade emergiu para ela – "o espertalhão não desejava aproximar-se de mim, é óbvio! Nunca quis minha amizade; queria cortejar a jovem que já lhe serve de brilho aos olhos, sem deixá-la, sequer, acomodar-se por inteiro, privando-a do direito de escolha. Anseia conquistá-la primeiro, antes que outros a cortejem! A conquista levou-o, praticamente, a abandonar a companhia de papai nos negócios, atividade muito aprazível para ele. Optou por tocar a mão de Karen, porque pouca importância dá à opinião feminina. Considera esposa uma serva do marido, que segue regras, não desejos próprios."

O toque aproximou Joaquim e Karen, e isso se repetiu por mais vezes, denotando resposta positiva. Ele avançou nas pretensões e expressou suas intenções:

– Não te assustes! Apenas me ouças!

– Se permitires, ajudarei tua irmã na colheita das olivas – Karen ofegava. – Devo contribuir com os trabalhos de casa. Fui aceita por bondade de teu pai, mas devo participar das atividades desempenhadas pela família. Não pretendo sentir-me inútil, nem tampouco ser um peso para tua família.

– São sensatas tuas palavras! Entretanto, dedica-te um pouco mais a mim, depois ajudarás Sarah nos afazeres!

– Obedecerei a teus apelos, ouvirei tuas palavras, não te contestarei.

– Desde que chegaste... – continuou ele – observo teu comportamento. Tua beleza encantou-me quando o calor do candeeiro se refletiu na pele. Com o tempo, percebi a serenidade que em ti habita. Teus atos e palavras revelaram-me o que confesso agora. Rendi-me a teu amor, enamorei-me de tua pessoa. Se meus sentimentos não forem correspondidos, peço-te que compreendas o entusiasmo que me toma, porque seguirei em frente com minha intenção.

– Compreendo-te e serei objetiva. Não estou em posição de discordar de tua decisão. Na minha condição, devo ouvir-te e obedecer-te. És homem, sou mulher.

– Então, comunico-te que falarei com meu pai sobre a intenção de casar-me. Durante o noivado, terás tempo para cuidar do enxoval; contarás com a ajuda de Sarah e de mamãe, que terão enorme prazer em ajudar-te.

– Agradeço-te por escolher-me! Coloco-me à inteira disposição para a realização de teus desejos! Que eu possa fazer-te feliz!

Ao ouvir de Karen sobre os acontecimentos, Sarah exaltou-se e procurou o irmão.

– Perguntaste a Karen se ela também deseja essa união?

– Desde quando isso é necessário em nossa sociedade, cara irmã? Karen vagava a esmo, sem família. A quem devo satisfação de meus atos? Podes me explicar?

– Não existem diferenças entre homens e mulheres, a não ser as inventadas pela sociedade. Deus criou-nos propensos ao bem e ao mal, e vejo progresso acontecendo nas atitudes de ambos os gêneros. Somos inteligentes tanto quanto tu; nossas habilidades femininas são tão importantes quanto as masculinas. Os homens têm a força física, nós possuímos a delicadeza no trato com os filhos, orientamo-los nos primeiros passos. Não faças aos outros o que não gostarias que a ti fizessem!

– Confesso. Somente te ouvi porque és minha irmã, mas agora, chega!

Confiante, Joaquim deu continuidade ao plano de se casar. À noite, revelou ao pai suas intenções, mas quando foi contá-las à mãe, observou que ela já sabia do assunto, pois não ficou surpresa com a notícia, não na mesma intensidade do pai. Ele preferiu ignorar o fato. Se Karen contou-lhe sobre o pedido de casamento, certamente sentira necessidade de dividir com mais alguém a informação.

Dali a alguns dias, foi celebrado o noivado. Reuniram-se para a comemoração somente os parentes do noivo. A noiva não tinha mais ninguém. Foi quando Zaqueu notou que não conhecia nenhum outro familiar de Abimael. Durante o tempo de amizade, conviveu somente com a esposa e a filha dele. Então, ponderou:

– O importante é Karen participar de minha família!

Além dos parentes, outras pessoas foram convidadas, amigas de César. Era intenção de Zaqueu manter-se no cargo que ocupava por mais tempo e, para isso, era necessário ampliar o círculo de amizade para além dos laços familiares, principalmente incluindo pessoas ligadas ao Império. A Corte apreciava a vida de maravilhas que o dinheiro proporcionava e, aos publicanos, cabia a missão de manter as regalias dos amigos do Imperador, oferecendo-lhes festas regadas à boa comida e a bebidas finas.

O transcorrer da festividade foi tranquilo; os convidados deliciavam-se com as iguarias oferecidas, como planejado pelo anfitrião. Nada diferente a acrescentar, a não ser a dúvida de muitos sobre a procedência da menina. Desejavam ver Joaquim casado com uma moça da sociedade local, não com uma desconhecida. Zaqueu possuía fortuna invejável, o que despertava, em muitos patriciados, a ambição de unir uma das filhas ao rapaz, filho dele. Aos poucos, os burburinhos revelaram a origem de Karen, justificando os porquês da escolha de Joaquim.

Em meio aos sons, quando ainda ocorriam as comemorações do noivado, sem ninguém perceber, o portador de uma carta chamou à porta da casa de Zaqueu. Samiel avisou-o e, constrangido, o publicano foi atendê-lo. A carta trazida pelo desconhecido havia sido escrita em pergaminho envelhecido, lacrada em canudo, sem identificação. Ao ser informado verbalmente sobre de quem era a correspondência, Zaqueu estremeceu. Pediu ao portador que não se retirasse. Leria a carta e, em seguida, conversariam mais detidamente. Samiel incumbiu-se de acomodar o mensageiro.

Zaqueu retornou às comemorações. Todavia, tão logo as encerrou, foi à procura do emissário, mas descobriu que, na mesma tarde em que chegara, ele desapareceu sem deixar pistas de seu paradeiro.

Capítulo 5

REVELAÇÕES EM BETÂNIA

RETORNANDO UM POUCO NO tempo, meses antes dos lances narrados, em Betânia, Abimael, de conduta ilibada, honestamente acumulara grande patrimônio. Privava-se de regalias e não se envolvia em atos escusos para enriquecimento desonesto. Hileia, sua esposa, seguia seus passos, sem tomar decisões que os colocassem em apuros, diferente de mulheres que adquiriam bens valiosos, sem utilidade, só para obterem destaque social.

Quanto a filhos, só tiveram Karen, que fora educada por escribas da confiança da família às escondidas. O casal desafiou os costumes da época para ver a filha rica de conhecimentos úteis ao futuro.

Com a partilha dos bens, Abimael permaneceu em Betânia, e Zaqueu retornou a Jericó. A parte da fortuna que lhe coube, por ser vultosa, chamou a atenção dos ambiciosos, principalmente os romanos que o cercavam, cobrando taxas abusivas. Referiam-se ao tempo em que ele não havia pagado os tributos. Abimael desconfiava do abuso, mas, impedido de reagir à violência, deixava que levassem o quanto quisessem, importando-se somente com a integridade da família.

– A Terra não pertence aos justos. Quem acreditaria que desse solo pedregoso, regado com o sangue dos inocentes, pertencente aos profetas, brotaria um fruto de outra espécie como os romanos? Melhor a morte que enfrentar seres inescrupulosos que nada temem e somente creem nos poucos anos de vida, desconhecendo a eternidade de Deus – discernia Abimael.

Ele viu seu patrimônio esvair-se em poucos meses. Propriedades e escravos eram vendidos para quitar dívidas, e o faturamento caía vertiginosamente. Hileia trabalhou em casas de amigos para ajudar no sustento da família. Tudo acontecendo, e eles não comunicaram os fatos a Zaqueu.

Nem bem chegou a Páscoa – momento que lhes serviria de consolo às perseguições da alma –, viram a residência invadida e saqueada. Hileia gritou pelos vizinhos, que ignoraram seu pranto. Ela e Karen foram arrastadas até a rua e conduzidas em uma carroça, enquanto Abimael, debaixo de açoites, somente teve tempo de pegar a caixa de pergaminho e, sem destino, vagar a esmo durante dias e noites pelas ruas da cidade e por estradas isoladas. Ninguém lhe dava abrigo, temendo sofrer retaliações romanas.

Findos os dias possíveis de esperar por mudança, escreveu a carta que agora chegou às mãos de Zaqueu, em meio à festa de noivado de Joaquim.

***

Zaqueu levantou-se do leito, e Raquel sentiu sua ira. Como lobo ferido, foi incapaz de controlar-se: de um só grito, despertou toda a casa. A penumbra, ainda da noite, revelou Samiel próximo à gamela.

– Arregimenta escravos! Uma pequena caravana com animais velozes seguirá conosco!

Joaquim apareceu na sala. O publicano, com sangue visível nas têmporas, ordenou:

– Separa boa quantia, o suficiente para suprimento da caravana e pagamento de pedágio. Caso nos importunem novamente, pagarei os desordeiros! Não aceitarei interrupção na jornada. O tempo demonstra-se traiçoeiro. Convoca somente escravos para ajudar-me com os animais e para garantir a segurança.

Partiu sem dizer aonde iria. Somente a Samiel, o escravo de confiança, disse o destino pretendido: Betânia.

A caravana do publicano seguia pelo mesmo caminho de outrora e percebeu os soldados romanos vigiando a estrada, sinalizando que a solicitação de Zaqueu, feita na carta endereçada ao prefeito Pilatos, fora atendida. Sem transtornos, chegaram à cidade no final do dia, quando a noite iniciava sua jornada. Após acomodarem-se, pediu que somente Samiel o acompanhasse em um encargo.

Dirigiram-se à suposta casa de Abimael, bateram à porta, mas descobriram que outros residiam ali. Fizeram soar a voz em casa vizinha e então, pediram informações sobre o antigo morador daquela residência. No entanto, foram ignorados. Ninguém trazia dados concretos, fechavam portas e janelas; os que transitavam pelas ruas, quando abordados sobre o assunto, afastavam-se de imediato.

Quando praticamente desistiam da perquirição, um vulto avançou sobre eles e seguiu à frente. Ao longo do corpo, descia-lhe um traje preto; da cabeça, um manto vermelho pendia. As cores e tecidos identificavam o sexo da desconhecida, mais ainda, sua condição social elevada.

Ela passou por ruas escuras que davam acesso às partes mais distantes de Betânia, seguida pelos protagonistas. Entrou em um beco deserto, tendo somente a escuridão por testemunha. Ao final, levantou o manto e revelou a verdade. Espantados, Zaqueu e Samiel petrificaram-se!

– Não vos assusteis! Trajo-me assim para proteger-me dos espiões de *César* – o homem falou enquanto retirava o manto feminino.

– Por que nos conduziste até aqui? – Zaqueu, inseguro pelas atitudes daquele, interrogou-lhe.

– Vi quando bateste à porta da antiga residência de Abimael, depois observei que seguiste perguntando sobre ele a todos que cruzavam o teu caminho. Então, depressa peguei meu disfarce e o segui.

– Por que fizeste isso? Sabes onde posso encontrá-lo?

– Encontrá-lo não poderás, pois ele morreu.

A notícia pronunciada daquela forma machucou Zaqueu, que cambaleou quase caindo.

– Pensei que chegaria a tempo de evitar essa desgraça!

– Como evitarias tal desgraça se, quando a senhorita Karen chegou à tua casa, semanas atrás, narrou sobre a morte de Abimael? – Samiel argumentou, enquanto segurava o amigo.

– Durante a festa de noivado de Joaquim, recebi uma carta enviada por Abimael. Então, supus que ainda vivesse.

– Senhor, permita-me explicar – continuou o desconhecido – fui amigo de Abimael por anos...Talvez não te lembres de mim, sempre fui de condição financeira inferior à tua. Daí o motivo de não me reconheceres, mesmo eu residindo há poucos metros de tua casa, aqui em Betânia.

– Entendo! Mas, por favor, continua!

– Os romanos usurparam os bens de Abimael porque pessoas interesseiras o denunciaram, mentindo para atingir objetivos escusos. Depois do golpe final, quando o expulsaram do próprio lar, passados alguns dias sem que ninguém lhe desse abrigo ou se dispusesse a ajudá-lo, por medo de também sofrerem retaliações, apareceu morto na estrada, vítima da fome e do desprezo. Nunca se viu por aqui tanta desgraça cair sobre uma família como a que aconteceu a eles.

Lágrimas silenciosas rolaram em suas faces; a narrativa esmagava-os. A obscuridade própria da noite desceu mais ainda. No íntimo, a angústia misturou-se à revolta. Zaqueu, por mais que tentasse perdoar-se, não conseguia. Os pensamentos repisavam repetidas vezes:

– Teria evitado a desgraça maior!

– Após o declínio derradeiro de Abimael, um homem, dizendo portar uma carta escrita por ele e sem condições financeiras de levá-la ao destinatário, bateu a minha porta. Disse-me que, às vésperas da morte, Abimael pedira-lhe que entregasse a carta a ti. Com isso, consegui o dinheiro e enviei-o à tua casa.

– O emissário cumpriu a tarefa. Queria muito ter-lhe agradecido, mas partiu antes que eu pudesse fazê-lo.

– Recebeste a carta! Por isso, vieste tão depressa, demonstrando consideração pelo amigo! – o desconhecido falou.

Zaqueu enxugou as lágrimas e, recompondo-se, pôs fim à cena que o torturava.

– Recebe esta quantia como pagamento pelos teus préstimos, uma vez que tiveste custos! – falou o publicano, retirando da cinta de couro um pequeno saco de moedas.

– Aceito de bom grado, mas não esperava recompensas. Fiz em resposta à atenção e ao carinho que sempre recebi de Abimael.

– Eu sei! – Zaqueu respondeu, controlando-se para não demonstrar o misto de sentimentos que se alastrava por dentro, continuou – será útil. Obrigado pela gentileza!

– Antes de partires, tira-me uma dúvida! Durante nossa conversa, teu escravo falou que recentemente estiveste com a menina Karen?

– Não, ouviste mal! – Zaqueu cortou o diálogo sem dar tempo a maiores investigações. Em seguida, segurou o escravo pelo braço e forçou-o à retirada. Samiel, sem entender o que se passava, mas como bom escravo, acompanhou o amo sem questioná-lo. Partiram.

Um frio místico trouxe à memória do publicano o tempo em que vivera em Betânia. De imediato, emergiram lembranças, depois outras. Não narraria para a família os detalhes da morte de Abimael, muito menos como Hileia tivera fim. Conservaria na memória a imagem dos dias felizes que passaram juntos. Até mesmo as visualizações desenhadas, estimuladas pela narrativa do desconhecido de Betânia, seriam diluídas com o tempo.

Samiel não tirou os olhos de Zaqueu. No íntimo, questionava-se a respeito do segredo que o amigo guardava. No início da conversa com o desconhecido, não desconfiou de nada; mas o último questionamento sobre Karen intrigou-o. A atitude desconcertada do publicano no instante da pergunta confirmou suas suspeitas. No entanto, em sua condição de escravo, não romperia o silêncio para solicitar-lhe esclarecimentos sobre o assunto.

De retorno, Zaqueu parou junto a um poço à beira da estrada, desceu da montaria e bebeu diretamente da água.

– Há quanto tempo viajamos, Samiel?

– Desde que saímos de Jericó são dois dias, senhor.

– Então deixa Sadoc conduzir a caravana e mantém-te junto a mim! – assim foi feito – guarda segredo dos últimos acontecimentos vividos em Betânia! Não concilio a conduta de Abimael com tanta violência! É necessária tanta crueldade para tirar a fortuna de um homem?

– Enquanto descansavas na hospedaria, conversei com o proprietário do lugar. O homem declarou-me que Abimael conheceu novas crenças, que muitas vezes esteve no rio Jordão para ouvir os profetas, principalmente os anunciadores da Boa Nova.

– Não entendo. Os profetas são de Deus. Insinuas que ele foi atacado por gente de nossa religião?

– Um cidadão que se devota à transformação moral proposta na Boa Nova não mantém a fortuna a qualquer custo. Abimael poderia defender-se, mas aceitou com parcimônia a agressão. Isso me leva a crer que foi movido por uma força maior do que a dos homens comuns.

– Continuo sem entender: como um profeta de Deus pregaria para nos despojarmos dos bens materiais e oferecermo-nos à morte?!

– Isso me soou estranho no começo. No entanto, hoje compreendo ser possível. Temos que melhorar muitas atitudes em nós e, às vezes, dinheiro e poder atrapalham o processo, principalmente quando não os conduzimos com amor.

– Como atrapalha? Com dinheiro, compras muitas coisas, inclusive a vida. Quando adoecemos, é ele que possibilita a cura mais rapidamente, por meio do médico e dos medicamentos. Isso somente o dinheiro paga.

– Mas apenas o dinheiro proporciona a cura?

– Referes-te a Jeová? Não é Ele quem permite possuirmos tais bens? Não é Ele quem nos ensina a ter o quanto quisermos desde que doemos a oferenda ao Templo? Escuta: "A primeira parte de tudo que obtiveres transforma em oferenda ao Templo!" Não é assim que está escrito nas escrituras sagradas? "Depois da oferta, cumpre com as tuas obrigações perante a família, o Estado e os negócios!" Narro corretamente?

– Sim, falas conforme as escrituras, mas existem outras possibilidades de felicidade e caminhos diferentes para alcançar Deus. Compreenderás melhor se dialogares com pessoas mais aprimoradas no assunto; sinto-me incapaz de continuar a conversa. Diante do mal imposto a Abimael, se ele possuía conhecimentos das pregações dos profetas do rio Jordão, certamente aceitou ser perseguido e morto ao invés de matar seu algoz, pois mais vale perder esta vida na Terra do que a próxima no Reino de Deus.

– Definitivamente, desconheço tais conceitos. Queres que eu aceite como certo o procedimento de um homem que prefere morrer a lutar em defesa dos próprios bens?

– Senhor, não é morrer por morrer, pois não se morre. É despertar o amor que revela a beleza, que impulsiona à bondade, que enaltece a lealdade. O que morre são os desafetos.

– Que absurdo! Mudemos de assunto, minhas convicções bastam! Difícil é aceitar a perda do patrimônio para ganhá-lo novamente em outra vida, sem saber se realmente existe outra vida. Quem garante a verdade desses fatos? Mas um dado poderá ser verdadeiro: Abimael envolveu-se com seitas malditas e foi guiado por conceitos hediondos.

Samiel afastou-se do amo e voltou a conduzir a caravana de retorno a Jericó. Antes do anoitecer, chegaram à cidade.

Após alguns dias, encontramos Joaquim conversando com o pai ao fim do trabalho.

– Nossa família é pequena. Dar-te-ei muitos netos, a alegria que trarão te fará bem!

Joaquim planejava o futuro. Era natural que acontecesse assim, especialmente após o noivado, ato que despertava muitas ideias.

– Esse noivado foi precipitado. Talvez tivesse sido mais coerente esperar para conhecê-la melhor – vendo que o filho se surpreendera com suas palavras, continuou, mas suavizou o tom – quer dizer... teria sido mais inteligente de tua parte observá-la nos afazeres domésticos e em outros dotes necessários a uma boa esposa.

– Entendo tuas preocupações, mas deverias ter levantado tais suposições antes do noivado. O que aconteceu é praticamente um casamento; comprometemo-nos para a vida inteira. Desistir do matrimônio, só se for por acontecimento grave – um riso ligeiro identificou a mudança na maneira de pensar do rapaz – não sou tão inexperiente, pai! Certifiquei-me dos dotes culinários de Karen! Claro que tive essa preocupação, e tanto Sarah quanto mamãe confirmaram as qualidades dela. Chega a ser mais prendada do que elas próprias. Confesso que fiquei surpreso. Não imaginava ser tudo isso que me descreveram. Então, não temas! Fiz boa escolha, não há outra melhor.

Zaqueu olhou o filho e teve a impressão de que dos olhos dele saíam faíscas. Seus questionamentos não provocaram nenhuma mudança no rapaz, muito menos acalmaram os próprios pensamentos angustiados. Fechou-se no gabinete particular, abriu o pequeno compartimento em que guardara a carta endereçada por Abimael e releu-a dezenas de vezes. Queria compreender as palavras e a exatidão do conteúdo. Depois, refez mentalmente o percurso em Betânia. Lembrou-se das desconfianças de Samiel e refletiu:

– Talvez haja outra verdade. Afinal, ouvi somente um homem naquela cidade! Calou os pensamentos. Mas, e esta carta escrita pelo punho de Abimael? – o publicano mergulhou em um mar de ideias; em seguida, recolheu-se com suas suspeitas.

Capítulo 6

DIAS EM JERUSALÉM

Um verdadeiro oásis! Quem chegava a Jericó, vagando sem pouso certo, faria desse lugar sua morada. O clima invejável destacava-a entre as cidades da região, pois ela oferecia qualidade de vida incomparável. Até mesmo a Jerusalém ela se sobrepunha, por ter a tranquilidade que nessa não havia. Mesmo sendo um polo econômico em constante crescimento, seja no comércio ou na agricultura, conservava o clima de paz. Suas construções contrastavam entre si, com palácios e mansões em meio a casas rústicas. Ruas e campos relembravam as cidades da Galileia, mas se vivia ao estilo da Judeia.

Por suas palmeiras com resinas milagrosas, das quais se extraíam os mais variados tipos de óleos, usados no preparo de banhos conservantes para higiene do corpo e na fabricação de medicamentos que curavam males diversos, Jericó era considerada um paraíso e ganhava todos os anos novos visitantes. Plantas e flores não se viam iguais em lugar algum; utilizadas pelos perfumistas na fabricação de aromas exóticos, os vidrinhos de essências eram vendidos nos mercados por altíssimo valor. As fragrâncias especiais eram adquiridas diretamente dos fabricantes que faziam questão de explicar o processo de fabricação e dizer quais substâncias empregavam, revelando o excelente trabalho de alquimia apenas para cobrar um valor exorbitante dos clientes.

Ali aconteciam festas de grande importância para a região, nas quais se reuniam a comunidade local e outras circunvizinhas, principalmente nas comemorações de inverno. A nobreza possuía residência na cidade somente para essas ocasiões. No restante do ano, a vida na cidade era tranquila, os moradores conheciam um ao outro, ninguém ali era estranho. Mesmo que passassem algum tempo fora, em outras terras, quando retornavam, eram recebidos com alegria.

Talvez inspirado pelo clima diferente, Zaqueu observava Karen com outros olhos. O jeito de portar-se à mesa e o carinho dispensado a todos da família, em especial ao noivo, impressionavam-no. Por diversas vezes, preparava as refeições, e todos regalavam os olhos com o sabor das iguarias. Tratava os escravos com atenção e respeito, educava os rebentos cativos com base na cultura adquirida, revelando seus dotes de mãe.

"Toda essa representação trajada de vestes superficiais será para enganar os tolos? Por debaixo desse manto de perfeição há mistérios? Descobrirei a verdade, para agir em momento certo" - era o publicano, remoendo as desconfianças sem esquecer os últimos lances ocorridos.

Um dia, saindo aos afazeres, um comunicado vindo de Jerusalém chegou a suas mãos, solicitando que fosse a essa cidade com a família para participar das festividades em honra a Júpiter. Representantes do Senado Romano se fariam presentes, e todos os que ocupavam cargos de confiança deveriam comparecer, mesmo que a adoração aos deuses fosse de encontro aos princípios religiosos venerados pelo convidado.

As festividades teriam início em poucos dias. Talvez essa fosse a oportunidade para espairecer as ideias e para obter novas informações dos publicanos de Betânia, quanto ao que ocorrera de fato ao amigo Abimael. Joaquim viu na ocasião um momento ímpar para adquirir peças para o enxoval ao lado da futura esposa.

Raquel preparou os alimentos necessários à viagem com as escravas mais íntimas de seu convívio. Colocou tudo em cestos e pediu que fossem atados aos animais. Como possuíam casa em Jerusalém, poderiam adquirir por lá muitas daquelas mercadorias transportadas. Os mercados da cidade ofereciam produtos invejáveis, verdadeiros achados, mas a matrona insistia em levá-los de Jericó.

– Não é qualquer fruta ou legume, é preciso ter sabor. Os mercadores de Jerusalém adquirem nossos produtos por serem melhores. Então, por que compraremos outros?

Zaqueu depositava confiança na sabedoria de Raquel, nunca discutia com ela. Era assim desde o primeiro encontro. Pouco opinava sobre as tarefas domésticas. Dedicava-se exclusivamente aos negócios, deixando à esposa as responsabilidades do lar.

Enquanto isso, Sarah separou o necessário para amaciar o assento nos camelos e nas liteiras. Também cuidou dos vestuários, lençóis, tapetes e objetos que seriam usados pela família na casa de Jerusalém. Ao todo, iriam mais de trinta escravos. Ela teve o cuidado de verificar se os utensílios eram suficientes para os dias em que ficariam distantes.

– Senhorita Sarah, não te inquietes conosco, separamos o essencial – observou Samiel.

– Toda as vezes que dizes isso, falta algo. Como não me inquietarei? Dão-me mais preocupação do que os de minha família. Quando chegarmos a Jerusalém, reúne os escravos! Compraremos roupas, calçados e perfumes para todos. Faz tempo que não mudam as vestes!

– Não te preocupes!

– Não discutas! Dessa questão, estás proibido de discordar! Em Jerusalém, pedirei aos ambulantes que venham a nossa casa, e tu me ajudarás a separar os utensílios, entendeste? És muito simplório, necessitas aguçar a vaidade!

– Sim, senhorita! Compreendo... – o escravo atendia-a com satisfação. Seu povo precisava do utensílio a que ela se referia, mas não era intenção dele explorá-la – já recebemos comida e teto, não é correto exigir mais – Sarah retirou-se em silêncio.

Joaquim separou os animais e os escravos que seguiriam na viagem, deixando uma parte para cuidar da casa e das plantações em Jericó. À medida que os dividia, meditava sobre a dificuldade em abandonar tudo aquilo para morar com a futura esposa em outra casa. Era tranquila a vida ao lado dos pais.

Somente Karen não participava das atividades. Permanecia alheia aos preparativos, pouco se alegrando quando comentavam sobre a viagem. No dia da partida, não a encontraram em parte alguma. Sarah, recordando-se de que a futura cunhada não separara os próprios pertences, correu ao quarto dela para confirmar a lembrança.

– Joaquim, as vestes de Karen estão nos baús! Conversaste com ela sobre a ida a Jerusalém? Deixaste claro que também iria?

– Sim, inclusive combinamos contigo que compraríamos o enxoval de casamento em Jerusalém.

– Espalhai-vos pela cidade e só retornai com Karen! – ordenou Zaqueu aos escravos, vaporizando pelas narinas.

Minutos depois, Samiel trouxe a notícia de que a encontraram na sinagoga. Joaquim, indo até lá, com muita insistência, trouxe-a de volta.

– Algo te perturba? Não és obrigada a agir contra a tua vontade. Se não desejas ir conosco, dize-nos o motivo! – Zaqueu insistia, mas a garota somente soluçava.

– Se eu disser, não compreenderás... – e falando assim, retirou-se.

– O que fazer em uma hora dessas? – Joaquim, impressionado com a atitude da noiva, inquietou-se.

Sarah foi ao quarto dela.

– Não podes ficar aqui, sozinha! Joaquim é obrigado a acompanhar papai nas reuniões em Jerusalém e conta com a viagem para comprar o enxoval. Se não fores, ele não irá.

– Sim – respondeu chorosa – não quero rever pessoas que me fizeram mal, percorrer lugares que relembrarão momentos vividos ao lado de meus pais. Betânia é muito próxima a Jerusalém, constantemente estávamos lá.

– E se eu te prometer que ficarás em casa o quanto quiseres, que sairás quando te fores conveniente, que verás as pessoas que desejares, aceitarias?

Após instantes de reflexão, respondeu:

– Ficarei somente em casa? Seu pai e Joaquim não ficarão contrariados se eu não sair?

– Falarei com eles, é tua escolha. Compreenderão!

Assim foi feito. Sarah compartilhou com a família as aflições da jovem, e eles acataram suas exigências, desde que ela não faltasse à festa no palácio de Pilatos, na qual todas as famílias convidadas estariam representadas. Essa informação Sarah omitiu de Karen, pois ao voltar para contar-lhe a imposição da família, encontrou-a tão feliz, arrumando os pertences, que preferiu calar-se.

"Ao chegar, ela se adaptará tão rápido à agitação do dia a dia que nem se lembrará do temor ora sentido" - Sarah concluiu.

Em Jerusalém, os ambulantes invadiram a casa de Zaqueu. Sarah, ansiosa por escolher o enxoval do irmão mais do que ele mesmo, debruçou-se sobre cestos de roupas, vasos decorativos, utensílios domésticos. O rapaz concedeu à futura esposa o direito de selecionar o que precisasse, sem a interferência dele.

– Ela tem suas preferências. Entre as mercadorias apresentadas, escolherá as de seu gosto – disse Joaquim, sem conseguir disfarçar a alegria.

Karen não deu importância aos objetos de uso doméstico, preocupando Sarah, pois cabia à esposa escolher o mobiliário e os artigos decorativos da casa. Ao esposo, competia a residência, os escravos e os animais que serviriam diretamente ao casal.

O descontentamento da noiva não estragaria a alegria das senhoras, pois receberam não somente de Joaquim, mas ainda de Zaqueu, a permissão de escolherem os produtos do seu agrado.

Os perfumistas também vieram até a casa atendê-las, já que às perfumarias elas não iriam, por serem locais frequentados por " mulheres de má vida". Zaqueu aceitou a sugestão, com a condição de o profissional comparecer em horário determinado e na presença dos homens da casa.

"Correto seria adquirir esses produtos em Jericó. Lá conheço os melhores fornecedores" – o publicano temia o contato das mulheres da família com aquele tipo de mercadores.

Com a chegada dos perfumistas, todas se alvoroçaram, até mesmo as escravas perderam a postura recatada, própria de quem somente se dedica aos afazeres domésticos, para se deliciar com as fragrâncias exibidas na ampla sala da residência. As gargalhadas misturaram-se aos gritos de alegria. Agora se tinha a certeza, por meio daquele espetáculo, do motivo pelo qual as essências aromatizantes eram tão inebriantes, chegando mesmo a enlouquecer quem as aspirava. Declarava-se, ali, a proximidade entre o obsceno e o pudico.

Em outro momento, vieram os vendedores de tecidos. Para as damas da família, as sedas finas, vindas da Pérsia e do Egito, enchiam os olhos de beleza; para as escravas, tecidos em algodão , fabricados ali mesmo serviriam. Samiel mantinha-se à frente de seu povo na escolha dos produtos, agindo com cautela. Quando Sarah insistia para que escolhesse algo melhor, afirmava que o simples estava bom, que um acessório bastava, que possuíam somente um corpo.

Por fim, praticamente ao concluírem as compras, Sarah entendeu o porquê de Karen ter dado pouca importância aos artigos decorativos do lar. Ela solicitou ao futuro esposo que viesse à casa um joalheiro. Assombraram-se, pois nos costumes da família não cabia o culto às pedras preciosas, apesar de serem ricos e de ostentarem belezas materiais invejáveis a muitos. Mas Joaquim atendeu à noiva.

Zaqueu registrou a solicitação com mais espanto. Era homem arguto e, entre uma atitude e outra da jovem, auscultava os próprios pensamentos com muita cautela. A decisão seria tomada após refletir bastante. Observou as ações de Joaquim silenciosamente, já que, a partir delas, concluiria a investigação. Zaqueu tinha consigo a convicção:

“Nada farei que desagrade a meus filhos. Eles são minhas verdadeiras joias.”

Com a chegada do joalheiro, deixaram que a vaidade da moça de Betânia falasse alto. Sendo a única a selecionar joias, Karen passou horas admirando cada rubi, cada esmeralda, até o marfim agradou-a. O volume de pedras selecionadas deixou Joaquim impressionado e, mais ainda, o pai. Como a vontade da jovem superava a sensatez, mas deixava-a feliz, o noivo pagou tudo sem sequer solicitar desconto ao vendedor.

Sarah alertou-o do exagero, mas foi ignorada.

Contavam quinze dias em Jerusalém, quando chegou o dia da festa no palácio de Pilatos. Cedo, puseram-se de pé. As mulheres passariam horas utilizando-se das banheiras térmicas, recebendo os mais profundos tratamentos de pele: antes, água morna para relaxar; depois, leite de cabra ou de jumenta para rejuvenescer; em seguida, óleos dos mais variados tipos com odores e finalidades diferentes, para maior maciez e fixidez da pele e, finalmente, os perfumes.

Os cabelos, amarrados com pequenas presilhas de osso ou de madeira, desceriam em mechas por sobre os ombros e a testa. Atrás, um único cacho, maior, cairia em sentido à cintura. A maquiagem, aplicada com pequenos bastões, teria contornos negros nos olhos e nas sobrancelhas e vermelho na boca. Tudo muito parecido com o usado pelas mulheres egípcias.

As judias admiravam o uso de vestidos longos e justos à cintura, copiando as romanas. Porém, seria impossível trajarem-se iguais a elas devido à distância cultural. Cada qual trazia características próprias, enraizadas há séculos. Usariam sedas, brocados bordados com fios de ouro, pedras preciosas nos contornos acima dos seios, contrastando com o conjunto de colar, brincos e pulseira. Tornar-se-iam um só brilho, contagiante.

Quando sugiram na sala, as mulheres aparentavam alabastros lapidados por finas mãos de artesãos divinos. Diana e Afrodite certamente sentiriam inveja delas, dadas a maciez da pele, a leveza da face bem contornada e as vestes singularmente confeccionadas para a ocasião.

– Mas, onde está Karen? – a pergunta ressoou, roubando a cena especialmente preparada para seduzir os homens da família.

Não se recordaram dela. Caso não estivesse vestida como exigia a ocasião, não haveria tempo para fazê-lo; breves instantes os distanciavam do início da festa.

Sarah correu aos aposentos da noiva e teve a triste constatação: a futura cunhada, envolta em lençóis, chorava.

– Algo aconteceu que nos é desconhecido? Por que não te preparaste para a festa? Não acertamos tua presença no evento?

– Falei-te: em nenhuma hipótese sairia desta casa. Agora temo magoar Joaquim com minha rebeldia.

– Falaste, decerto, mas não imaginei o tamanho da seriedade da afirmação, acreditava na exceção. A ocasião é muito importante para todos nós, principalmente para papai; não sei como ele reagirá. Joaquim talvez compreenda.

Sarah retornou à sala e, após breve relato, ouviu do pai palavras amenas, afirmando não haver problemas, outras oportunidades viriam. Quanto a Joaquim, angustiado com a situação, pensou em permanecer na residência. Mas, recordando-se da exigência do pai, recuou na decisão e seguiu com a família.

A atitude de Karen aumentou consideravelmente a desconfiança de Zaqueu.

Capítulo 7

A FESTA NO PALÁCIO DE PILATOS

A TRAVESSIA PELAS ESTREITAS ruas de Jerusalém foi dolorosa. Como a distância entre a casa de Zaqueu e o palácio romano era curta, não houve tempo para digerir covenientemente o ocorrido com Karen. Os primeiros degraus foram vencidos de semblante abatido. Porém, ao perceberem a grandiosidade da recepção e o número exorbitante de convidados, esqueceram o episódio e permitiram ao riso ocupar os lábios.

O salão principal era ornado com cortinas egípcias majestosas que cobriam as principais colunas; franjas imensas denotavam o grau de autoridade do proprietário. Por todos os lados, viam-se animais enriquecendo o ambiente, ressaltando a ostentação. Os convidados, oriundos de todos os cantos de Israel, lotavam as dependências. As luzes do palácio ficariam acesas, óleos as alimentariam por toda a noite.

A ordem de Pilatos fora clara: ao aproximar-se do portão principal, o centurião confirmaria na lista o nome da família e, após a anuência do cerimonial, o convidado teria acesso ao recinto primordial.

Zaqueu, com olhar percuciente, verificou que o palácio não tinha somente um ou dois pavimentos como supunha ao vê-lo do exterior. Diversos deles dividiam as classes sociais por alas, distinguindo os que ali habitavam. O subterrâneo e os fundos, aos escravos; o térreo, aos negócios; o primeiro andar, aos convidados; o segundo, aos membros da família. A festa aconteceria entre o térreo, primeiro andar e jardins.

Observou, ainda, a mistura de etnias entre os convidados, afinal, era objetivo do prefeito agradar a todos. Para isso, convidou aqueles que exerciam influência sobre o povo e que o apoiariam em decisões futuras, não importava fossem judeus, assírios, romanos ou de qualquer outra nacionalidade. O essencial era a utilidade.

No térreo, ao lado esquerdo, em um elevado, notava-se o grupo de músicos que se revezavam em diversos instrumentos e mantinham o clima do ambiente sempre alegre. Havia ali milhares de convidados, muitos finamente trajados. Para isso, não era preciso ir muito longe, nem despender quantias exorbitantes. O mercado de Jerusalém, rico em tudo o que se possa crer, oferecia os mais diferentes artigos para ostentação da vaidade.

Ao chegarem, publicanos que controlavam as demais regiões de Israel e que exerciam a função de fiscais locais depuseram a visão sobre Zaqueu, que pediu licença à filha e à esposa e dirigiu-se ao encontro deles juntamente com o filho. Era a oportunidade de conhecer o trabalho das províncias vizinhas, saber se o coletado em Jericó correspondia ao arrecadado nas demais, se procediam do mesmo modo. Não era objetivo de nenhum publicano repassar valor a mais aos cofres romanos, muito menos deixar de ganhar além do previsto. O lema era: "O que corresponder a Roma será de Roma, o que corresponder a mim será meu, nada mais justo!"

Além dos publicanos, estavam presentes os principais senhores a serviço do governo, senadores romanos que moravam em Jerusalém e compatrícios honrados do prefeito; todos tratavam de obter poder e riquezas. Judeus milionários circulavam tranquilamente pelos salões. Para Zaqueu, compreender melhor aquele universo e fazer parte do banquete daquela gente seria o primeiro passo para atingir sua meta: casar Sarah com um rico comerciante. Joaquim fizera sua escolha, mas também aos homens cabia a liberdade no proceder, não aceitando serem influenciados. Já quanto às mulheres, era diferente: os pais escolhiam sem que elas discordassem. A condição imposta aos seres de sexo feminino era cultural: obedecer sem lamúrias.

Após conversas com amigos de profissão, aproximaram-se de outros, dando início pelo grupo dos abastados mercadores, que os recebeu com presteza. Além de coletor, Zaqueu emprestava dinheiro a juro. Para os empresários, era muito bom tê-lo por perto, mesmo sabendo que não passava de um homem que enriquecera à custa da opressão de seu próprio povo. Caráter não era assunto muito discutido entre eles.

Joaquim acompanhava o pai de muito perto, percebia quais os interesses dos comerciantes e memorizava o nome de cada um. Era ideia recebê-los na semana seguinte em visita. Para ampliar os negócios, não importava o tipo de ajuda que prestariam, mas o lucro obtido, priorizando o aumento da fortuna.

Não planejavam retornar a Jericó sem duplicar o patrimônio. Tinham debaixo dos pés metade dos ricos presentes à festa.

"Negócios não são só uma questão de inteligência, mas muito mais de astúcia" – imaginava Joaquim.

Quando os músicos pararam, Pilatos e Cláudia surgiram no andar superior. Dali avançaram em direção ao trono, e todos os reverenciavam. A finalidade da festa era óbvia: ter os convidados submissos ao poder romano e evitar que mais revoltas se instalassem na região. O que ninguém sabia era como isso se daria, já que os presentes tinham interesses diversos. Caberia a Pilatos a habilidade de tratar cada um de maneira particular e agradável, de acordo com a autoridade da pessoa. Além disso, os convidados traziam seu próprio ódio: pelos romanos, pelos judeus, pelos assírios, finalizado pela ideologia peculiar que certamente tinham.

O que mais impressionava aos olhos de quem observava o prefeito era a frieza e a arrogância que ele trazia na face, própria dos aristocratas romanos. Em nenhum instante ele se abateu com a inumerável presença de inimigos no palácio, os quais mais desejavam vê-lo morto que render-lhe homenagens. Mesmo assim, sem que o semblante vacilasse na caricatura de homem honrado e soberano, Pilatos deu início aos diálogos, seguindo o que era de praxe: primeiro os senadores, que em poucos dias levariam as impressões da vida na Judeia a Tibério César, sendo esse o fato que mais o preocupava.

Os músicos voltaram a tocar, o baile prosseguiu.

No lado oposto a tudo aquilo, Raquel e Sarah foram abordadas por dois cavalheiros que, pensando estarem elas sozinhas, aproximaram-se em busca de informações sobre a Galileia. Raquel informou-lhes que vinham de Jericó, região um pouco distante da mencionada por eles.

– Lamento não poder atendê-los, não tenho tais informações! Se desejardes, solicito-as a meu marido Zaqueu – e Raquel virou-se para o esposo. De longe, trocaram acenos. – No cargo que ocupa, ele é obrigado a percorrer toda aquela região.

Os dois homens eram Isaac e Saul, pai e filho, ricos comerciantes, caçadores de novas oportunidades financeiras e de isenções de impostos.

– Então a senhora é esposa de Zaqueu, o cobrador de impostos?! Não desejo ser indelicado, mas ele escolheu uma péssima profissão – Isaac zombou.

– Havemos de escolher uma ocupação, não crês? E alguém tem que exercer a de publicano.

– Concordo, falei por falar, desculpa-me se fui intransigente – e alterando o tom da conversa, dirigiu-se a Sarah – e esta delicada petúnia, quem é?

– É minha filha, Sarah.

– Muita delicadeza de tua parte tecer tão elogioso comentário – Sarah agradeceu, lisonjeada.

– Sim, és muito bela – Saul reforçou o comentário do pai.

– Lamento tê-las abordado desse modo, sem alguém para apresentar-nos formalmente! A beleza das distintas damas despertou nossa admiração; fascinados, esquecemos as formalidades. Este é Saul, meu filho, e eu sou Isaac. Como veem, somos judeus.

Risos.

– Que bom encontrar dos nossos por aqui. Assim nos sentimos menos estranhos – Raquel mencionou, levando a mão à boca para conter o excesso de risos.

– Se puderdes acompanhar-nos em uma bebida... – disse Isaac, com taças nas mãos, oferecendo-as.

– Agradecemos, mas não bebemos nada embriagante

– ponderou Raquel que, apesar da cordialidade dos cavalheiros, mantinha distância cerimoniosa.

– Tampouco! – e Isaac sorriu novamente, dizendo: – Provai! É um delicioso suco de uva!

Ao provarem, riram-se das próprias desconfianças.

– Sim, é muito bom!

– Pretendemos visitar nosso amigo Zaqueu para nos conhecermos melhor, se não for inoportuno.

– Quando desejais ir? Enviaremos o mensageiro com o comunicado do aceite da visita. Faremos isso tão logo Zaqueu nos autorize o procedimento.

– Somos comerciantes na rua central do mercado. Diga ao mensageiro para procurar Isaac, o vendedor de tapetes; é fácil encontrar-me. A alegria se completará para nós se a decisão chegar com a máxima urgência.

– Não te preocupes, nós procuraremos. Agora, desculpa-nos, iremos ao encontro de meu marido que já deve estar preocupado com nosso afastamento repentino.

Aquelas palavras foram as de despedida. Raquel e Sarah afastaram-se, enquanto eram seguidas pelos olhares dos cavalheiros.

Zaqueu continuava em suas investidas, quando Pilatos deu abertura para os judeus se aproximarem. Ele aproveitou para se certificar de seu valor para o Império Romano.

– Senhor prefeito! Agradeço-te pelo esforço empreendido na guarda da estrada que liga Jerusalém ao Norte de Israel. Era demasiado o que os desordeiros impunham aos servidores de Roma!

– Vejo-te muito bem, estimado Zaqueu – Pilatos tratou-o com tanta cortesia que o publicano desconfiou do excesso de zelo – confesso que cada dia me felicito mais com teu trabalho. A região de Jericó é uma das mais rendosas.

Tibério está satisfeitíssimo com teu trabalho. Também te contentas com o oferecido?

– Como não?! Servir a Tibério César e ao governo romano local é uma honra que muito me agrada.

– Quanto a isso, estou convicto. Tuas posses crescem vertiginosamente; muito em breve estarás mais rico do que nós, romanos. Não visites os comerciantes de Jerusalém para lhes impor taxas. Esta cidade não faz parte de tua jurisdição.

Risos.

– Verdade. Porém, mesmo não fazendo parte de minha jurisdição, averiguei quais mercadores comercializam nossos produtos. Jericó é cidade rica em matéria-prima.

– És muito astuto, Zaqueu!

– Em nosso Estado, a extração de certas matérias-primas, como óleos, lãs, azeites, raspas, resinas, cascas de árvores, não representa uma atividade custosa ao produtor. Elas estão disponíveis nas florestas. Daí a ideia de não ser necessária a cobrança de impostos, uma vez que a natureza as providenciou. Mas todos devem ser taxados, a exemplo dos pescadores, que já encontram o peixe criado nos rios e lagoas e pagam impostos sobre a atividade. Da extração da matéria-prima, passando pelo processo de fabricação, as vezes que o produto for vendido, oferecendo lucro, seja matéria-prima, produto fabricado, produto à venda ou o transporte deles, será a quantidade de vezes que o imposto incidirá sobre o valor de comércio.

– Muito bem! Surpreende-me tanta astúcia. Pedirei que amanhã, ao final do dia, reúnam-se todos os publicanos de Jerusalém. Explicarás teu modelo de trabalho. Então, formataremos novas estratégias de coleta de impostos. Estejas certo de que, se funcionar a contento, implantarei o sistema em todas as cidades do Império. Com isso, serás muito bem recompensado por tuas ideias!

– É um prazer contribuir.

Nesse momento, outros buscavam acesso ao prefeito. Zaqueu afastou-se e foi ao encontro da esposa nos jardins do palácio.

– Não sei ao certo o que aqueles dois desejavam, mas são muito ricos, talvez os mais de Jerusalém – argumentou Raquel.

– Mamãe, isso não é o principal, mas sim, se são de boa índole.

– Quanto a isso, teu pai descobrirá.

– O que descobrirei? – Zaqueu interrompeu o diálogo, aproximando-se de repente.

– Na tua ausência, fomos abordadas por aqueles dois senhores – e apontou para os desconhecidos que agora conversavam com Pilatos.

– Não os conheço, mas investigarei – garantiu Zaqueu – o que desejavam?

– Visitar-nos. Disse-lhes que isso dependerá de tua anuência.

– Seria interessante recebê-los?

– Não seria, se não fosse o fato de o moço ter se interessado por Sarah.

Zaqueu espantou-se com a afirmação de Raquel e pôs-se a observá-los mais minuciosamente. Em seguida, argumentou:

– Então, que venham falar comigo.

Capítulo 8

OS SEGREDOS DE KAREN

ENQUANTO A FESTA SE desenrolava no palácio do prefeito, Karen esgueirou-se entre a saída dos fundos e as encostas do sobrado vizinho à casa de Zaqueu, em Jerusalém, sem pretender ser reconhecida. Projetou a sombra nas paredes mais altas e percorreu becos desconhecidos até alcançar outra casa, de porte humilde. Quase não se viam pessoas circulando nas ruas da cidade; até os animais, que viviam ao relento, dormiam. A porta de uma casa humilde abriu-se ao anúncio de sua chegada e, do interior, uma mão puxou-a. Em seguida, a porta foi selada com grande força, dando a imaginar que se partira em bandas.

O que Karen não percebeu, desde o momento em que se afastou cautelosamente pelo estreito corredor da casa de Zaqueu, foi Samiel que a observava de longe, tendo o cuidado de não a perder de vista. Ela não dormira instante algum, pois aguardava os donos da casa se retirarem para então ganhar as ruas da cidade.

Samiel tampouco dormira. Como de hábito, nas vezes em que o publicano se ausentava, vigiava a residência por ser sua obrigação. Jamais deixaria que algo de ruim acontecesse na ausência dele, nem aceitaria ser chamado à atenção por falta cometida, principalmente na guarda de todos os que ali habitavam.

Quando a sombra de Karen se projetou pelos diversos lugares por onde passou, ele a observou, ambicionando saber que destino tomaria. Ao final, como não pôde identificar quem a puxou para dentro do casebre, manteve-se em segurança, em local distante que oferecia boa visão da cena. Depois, preferiu circular na rua para memorizar as fachadas. Guardaria a imagem para não se confundir, caso houvesse necessidade de reconhecê-lo de outra vez. Os minutos passavam arrastados para Samiel, devido à ansiedade em saber quem eram os proprietários do lugar.

Quando madrugada, imaginando que Karen não sairia mais, eis que ela surge novamente, esquivando-se. Permanecera no recinto pelo menos um quarto de noite, tempo suficiente para realizar qualquer ação desejada. Após a saída, repetiu-se a ação anterior: a porta foi selada abruptamente, impedindo-o de ver os proprietários do lugar.

Preferiu, então, seguir Karen de volta ao palácio de Zaqueu a investigar a residência misteriosa. Ela percorreu as mesmas ruas e nada de anormal aconteceu. Quando chegaram, entraram silenciosamente. Karen estabeleceu-se sem deixar pistas das atitudes suspeitas praticadas. Samiel não se conteve e foi ao quarto; apanhou as vestes que foram de Joaquim, que agora lhe serviam de disfarce, para quando quisesse sair às ruas sem ser reconhecido como escravo, e avançou de volta ao casebre.

Pensativo, refez o caminho, refletindo:

"Deverei ou não bater à porta?" – não sabia ao certo o

que aconteceria – "mas se vim até aqui, não posso recuar" – e serenamente, bateu.

Uma voz rouca respondeu-lhe:

– Quem és? – o silêncio se fez por breves instantes, mas a voz insistiu – o que desejas?

A porta abriu-se. Uma senhora de meia idade surgiu, apoiando-se no umbral e examinou-o.

– Desculpa-me, senhora! Creio haver visto um membro de minha família entrando em tua casa há pouco. Ainda se encontra aqui?

– Se estiveres certo de que ela pertence a tua família, então deves saber quem sou.

– Lamento, não entendi!

– Amigo, para a pessoa que esteve aqui há pouco fazer parte de tua família, é necessário que faças parte da minha. A garota é minha filha, entendes?

Samiel, atônito, deixou o corpo pender para trás alguns centímetros, sem compreender o ocorrido.

– Creio que houve engano, não foi nesta casa – falou, enquanto se retirava.

Com olhar fixo, a senhora ainda o acompanhou por alguns instantes. Ele, por diversas vezes, virou-se, observando o que acontecia no casebre enquanto se distanciava. De súbito parou, veio-lhe à mente uma imagem:

"Por trás da senhora, havia um homem que a segurou pelos ombros e conduziu-a de volta ao interior da casa. Não fora nítida a visão, porque estava escuro, mas é quase certeza de que vi."

Novamente alcançou a casa de Zaqueu e, por questão de instantes, não foi apanhado fora do posto. Mal deixou a roupa sobre a esteira, ouviu o trote dos cavalos à porta.

A família desceu da liteira e, exausta, de imediato, seguiu para os aposentos. Somente Zaqueu percebeu a postura desconfiada do escravo de sua confiança.

– O que aconteceu em minha ausência?

– Nada, senhor!

– Não me enganes, Samiel! És bem mais do que um simples escravo, e essas regalias se dão, justamente, pela lealdade que nutres por mim. Conta-me! Que aconteceu?

– Devo ter agido errado, mas como já procedi, peço compreensão!

– Desejo saber o que aconteceu, não importa como atuaste!

– Quando partiste para a festa no palácio da autoridade local, juntamente com tua família, avistei, por sobre a janela que dá acesso às dependências dos escravos, uma sombra projetando-se na parede da mansão vizinha. Segui-a sem saber ao certo de quem se tratava. Como o vulto saíra de dentro de tua casa, imaginei que fosse Karen. Não havia certeza. Entretanto, se não fosse ela, quem seria? Todos os escravos recolheram-se logo que se viram dispensados dos afazeres. Os demais membros da casa haviam ido à festa...

– Continua! – o interesse aumentou. O publicano apanhou a cadeira próxima dele, sentou-se e fez o escravo acomodar-se em outra à frente.

–...após percorrer diversas ruas, a noite banhada pela lua, como o senhor percebeu, Karen alcançou uma casa que, para mim, é totalmente desconhecida. Ao bater à porta, antes de terminar de pronunciar o próprio nome, uma mão a puxou. Por mais de um quarto de noite ela permaneceu no lugar. Fiquei espreitando por trás de um muro, em posição segura. Em determinado momento, percorri o beco, para guardar a imagem do lugar. Depois desse tempo, a porta abriu-se novamente, e a moça saiu em disparada de volta para casa. Decidi segui-la, até mesmo para protegê-la; alguém poderia fazer-lhe mal.

– E quanto aos moradores da casa?

– Não os vi naquele momento. Como falei, Karen saiu muito rápido de dentro da residência, e ninguém a acompanhou até a rua. O fato despertou minha curiosidade. Então, quando a vi de regresso, totalmente sossegada nos aposentos, refiz o mesmo trajeto. Foi aí que cometi um erro gravíssimo: bati à porta e de dentro saiu uma senhora que me atendeu rispidamente. Para suavizar os ânimos dela, disse-lhe que vira uma pessoa de minha família entrando ali havia pouco, mas a minha surpresa foi enorme. A mulher informou-me que, se Karen fosse de minha família, seríamos parentes, uma vez que a moça era filha dela.

Zaqueu, perplexo diante da narração do escravo, levantou-se e, após circular por instantes no salão, confirmou com o escravo se acertaria chegar à casa. Após a assertiva, pediu-lhe que não dividisse com ninguém as informações do ocorrido.

Recolheram-se.

Ao despertar, invadindo a sala reservada às refeições, Karen anunciou o sumiço das joias, deu destaque ao conjunto de colar, brincos, pulseira e tornozeleira em ouro, cravejado de esmeraldas.

– Ontem experimentei as joias e, em seguida, mantive-as no baú ao lado da cama. Ali guardo os pertences que usarei somente no casamento.

Narrada a situação, Joaquim solicitou a revista da casa, já que Zaqueu e Samiel tinham ganhado a rua, deixando em casa Raquel, Sarah e Karen aos cuidados dele. Como as joias não foram encontrados, ele refez os passos de Karen, os lugares por onde ela andou: quartos, salas, jardins em que se demorou; recordou-se se ela saíra de casa. A conclusão foi evidente: permanecera no recinto todo o tempo, enclausurada por vontade própria.

- Então, em qual momento as joias desapareceram se não saíste de casa?

A pergunta de Joaquim surpreendeu Karen. Refazendo-se, ela revidou:

- Não saí de casa, tampouco fiquei no quarto. Preferi a varanda em sua companhia.

A veracidade do fato despertou a ideia de furto.

Com o certificado de compra e a descrição das joias, Joaquim foi ao encontro do joalheiro que lhe vendeu os enfeites e solicitou atenção, caso alguém tentasse oferecê-los. Em seguida, foi aos engastadores de artefatos finos e fez o mesmo pedido.

- Em vão buscas essas joias! Não creio que o ladrão tenha coragem de desfazer-se delas tão rapidamente; talvez demore um pouco. Breve partiremos de Jerusalém, o que trará segurança à transação - opinou Raquel.

Em nenhum momento do conflito, Karen abateu-se veementemente. Era uma desculpa? Narrou o fato para justificar o sumiço das joias e nada mais? Sarah desconfiava do excesso de calma da futura cunhada e chamou a atenção da mãe:

- Por que a menina realmente não sai de casa? Quando vivia em Betânia, certamente veio poucas vezes a Jerusalém, apesar da distância ser muito pequena entre as duas cidades. Por que Abimael traria uma criança para um lugar cosmopolita como este, cheio de ciladas, que põe facilmente uma adolescente a perder-se nas vaidades do mundo?

- Talvez Abimael tivesse a mesma vaidade de teu pai.

Não vês como gosta da nossa presença ao lado dele nas reuniões sociais? Eu realmente creio, mas sabes em quê?

– Não imagino. Papai afirma que a senhora, apenas com a força do pensamento, é capaz de solucionar qualquer enigma. E essa tua calma me irrita, às vezes.

– Tranquiliza-te! Como alguém adquire um conjunto de joias tão caro e depois o deixa em qualquer lugar? Certamente não deu ao presente a atenção merecida. Não foram os servos, muito menos nós da família os ladrões, e te garanto que ninguém de fora invadiu nossa residência para cometer tamanho desrespeito.

– Então, como as joias saíram de dentro desta casa?

– Como? Ainda não sei, mas o tempo revelará.

Raquel finalizou a frase no instante exato em que Joaquim se aproximou da varanda, impedindo-a de continuar a falar sobre o assunto. Em pouco tempo, o rapaz estaria casado. Não seria interessante que o relacionamento enveredasse pelos becos escuros da desconfiança; as impressões da mãe poderiam induzi-lo a esse erro.

– Sinto-me um intruso!

– Que é isso, filho! Falávamos sobre o assunto que hoje ocupou todo o tempo desta casa.

– E chegaram a que conclusão?

– Que não há suposições a fazer, nem sugestões a serem apresentadas a papai no retorno dele – Sarah argumentou com seriedade.

– Como não dou crédito ao fato de as pessoas desta casa terem roubado as joias, ponho-me a imaginar como aconteceu o sumiço e não encontro explicação – argumentou o noivo angustiado, enquanto circulava pela sala.

– Haveria sido alguém de fora? – continuou a irmã, tentando assimilar os sentimentos do irmão.

- Além de nós, a casa está sempre cheia de escravos. É muito difícil alguém entrar aqui sem ser notado.

- Se não acharmos as joias, vamos dá-las por perdidas e encerramos o assunto - sentenciou Raquel.

- Concordo! Talvez seja para ser assim - finalizou Joaquim.

O término do diálogo coincidiu com a entrada de um escravo que informou encontrar-se, à porta principal, um mensageiro que desejava falar com Zaqueu. Joaquim recebeu-o. O taciturno desconhecido entregou uma carta.

- Vê! É o futuro pretendente de Sarah cobrando a visita! É sabedor que muito em breve partiremos de retorno a Jericó e não se contentará se isso acontecer sem dar-lhe o prazer de cortejar-nos.

Sarah apanhou a correspondência.

- Diga a teu patrão que enviaremos resposta amanhã, nos primeiros movimentos do dia - respondeu Joaquim, despedindo o mensageiro.

Puseram-se a rir da situação, enquanto Raquel concluía que seria interessante visitá-los.

- Os judeus de Jerusalém são bem informados sobre os acontecimentos do mundo. Decerto, se não forem bons parentes, serão bons amigos.

Capítulo 9

O FEITICEIRO

NAQUELES DIAS, ENCONTRAVA-SE EM Jerusalém um grande nome no campo das adivinhações, vindo de lugares distantes do Oriente. Tinha bom domínio do grego, além de falar fluentemente o aramaico e o hebraico. A notícia correu veloz; em pouco tempo, praticamente toda cidade sabia da presença do adivinho. As maiores personalidades da sociedade solicitaram atendimento particular. Já os menos abastados e os avarentos procuraram-no em uma casa distante do centro comercial, alugada pelo adivinho apenas para isso.

Zaqueu, fiel seguidor das tradições judaicas, não demonstrava interesse pelas práticas pagãs, muito menos mantinha vínculo com adeptos das ciências ocultas. No entanto, algo despertou sua atenção quando soube da chegada do feiticeiro. Qual a possibilidade de tornar-se mais rico? Quais os meios para acumular mais bens? Os celeiros estavam abarrotados, como armazenar mais, caso viesse a possuir? Também seria interessante saber do futuro da família: continuaria prosperando mesmo em sua ausência?

Assim, ordenou a Samiel que investigasse a conduta do feiticeiro e a quantia a ser paga pelas revelações. Caso cobrasse valor exorbitante, descartá-lo-ia imediatamente; se usasse de artimanhas para extorquir mais dinheiro, também abandonaria a pretensão.

No início da manhã, Zaqueu dirigiu-se à casa do tal feiticeiro. Aí está a razão de sua ausência na casa quando Karen deu pelo sumiço das joias. Um mal-estar dominou-o ao aproximar-se do abrigo do feiticeiro. Se não fosse por Samiel, voltaria dali mesmo.

– Que lugar horripilante! O retorno me seria melhor a esse asco que sinto.

– Estou aqui, não te deixarei sozinho por nada, podes confiar! Ou posso entrar e comunicar tua desistência.

– E perder o investimento? Nunca! Vim até aqui, irei até o fim.

Continuaram.

Em poucos instantes, alcançaram a porta da casa. Antes que a abrissem, Samiel sugeriu:

– Exigiremos do feiticeiro a devolução do investimento e retornaremos de imediato, se o mal-estar persistir.

– E dar a viagem por perdida? Não! Já disse: vim até aqui, irei até o fim.

Bateram à porta. Um homem, que mais parecia um urso de tão grande, convidou-os a entrar. Após, a tranca foi selada com grande estrondo.

– Fazem isso para impressionar-nos – argumentou Zaqueu, bem mais aterrorizado.

– Esperai aqui, avisarei o mestre de vossa chegada – o servo do feiticeiro falou, seguindo em direção às dependências dos fundos.

Na decoração da casa, predominavam objetos desconhecidos, e os conhecidos estavam dispostos diferentemente do costumeiro. Zaqueu e Samiel impressionaram-se com a quantidade de caveiras de animais penduradas nas paredes, o que só perdia para a variedade de chifres. Em poucos minutos, o homem retornou e pediu a Zaqueu que adentrasse o recinto particular no qual seria atendido.

Ao atravessar a cortina, viu surgir um homem de estatura mediana, que lhe pediu para sentar-se próximo à pequena mesa, no centro da sala. Vários amuletos, representando deuses diferentes que remetiam às esculturas gregas das divindades do Olimpo, figuravam sobre ela. Logo atrás, uma cadeira e, adiante, estantes com pergaminhos. O cheiro de mofo misturava-se ao da mirra queimada em algum ponto do ambiente. Em todo o lugar, havia o mesmo aroma desagradável.

Sentou-se e o medo dominou-o.

"Havia necessidade de minha vinda a este lugar? Não me comprometerei com entidades de outro mundo nem mesmo para aumentar os meus bens" - pausou as reflexões por um instante, depois continuou - "se esse ancião tivesse poderes para multiplicar os bens dos outros, faria primeiro com os dele."

Aflito, o publicano solicitou ao servo do feiticeiro que chamasse o escravo na sala ao lado. Só assim se sentiria mais calmo para ouvir as revelações. Em poucos instantes, Samiel chegou. Os adereços da casa não lhe abalavam os nervos.

O vidente deu início aos trabalhos, pronunciando palavras estranhas, evocando entidades sobrenaturais para auxiliá-lo nos serviços, representando cenas apenas para impressionar os dois. Talvez encenasse os atos várias vezes ao dia, conforme a quantidade de clientes a ser atendida.

Após a introdução que, para Zaqueu, fora realizada em língua morta, revelou:

- És muito rico, possuis tantos bens que a maioria te é desconhecida - Zaqueu ouvia atônito. E o mago prosseguiu, parecendo estar de fato num transe com entidade de outro mundo - mas falta algo que alimente teu espírito; tua alma está vazia, desassossegada. Buscas alguém, mas não sabes quem.

Zaqueu percebeu verdades nas palavras do feiticeiro. Com isso, atentou à revelação.

- Esse alguém, quando encontrado, apontará outros caminhos enriquecedores, não de bens temporais, mas eternos, proporcionando-te novas experiências.

- Como proceder para me tornar mais rico? - iniciou Zaqueu, encantado com as palavras do mago.

- Sim, sei! Estás procurando uma coisa, mas encontrarás outra. Quando a achares, entenderás a importância dela, a ponto de mudares completamente de vida. Uma fortuna ainda maior, que nem mesmo o homem mais rico do mundo a possui, está à tua espera.

- Consegues prever quando acontecerá? - a cada instante, o publicano animava-se mais, pois fora ali, mas não esperava revelações tão maravilhosas.

- Muito em breve! Não se demorará! Mas esteja atento para não te cegares quando a hora chegar, iludido com o brilho ilusório do ouro. Lembra-te: a Luz que mudará tua vida para sempre tem o brilho do amor.

- Tens certeza de tudo isso?

- A verdade acompanha-me e a seriedade guia-me. Repito: serás mais rico do que podes imaginar, tanto que não precisarás dos bens que possuis hoje. Certamente os doarás.

Zaqueu satisfez-se com as revelações; o valor pago foi

compensado. O vidente poderia parar a consulta naquele instante, e foi o que de fato aconteceu.

De súbito, o feiticeiro mudou de fisionomia. O auxiliar pediu aos clientes que se retirassem.

Zaqueu agradeceu pelas revelações e seguiu com Samiel. Quando alcançaram a rua, o escravo descreveu suas impressões:

– Se me permites, comentarei: tudo me pareceu estranho. Mas de acordo com o observado na Torá, o Livro Sagrado, a comunicabilidade com entidades do mundo dos mortos é totalmente possível. O feiticeiro tem tais poderes e, durante o transe, alguém de outro mundo, que não é o material, assessorava-o.

– Percebeste como?

– Não viste como ele mudou de expressão? Outra: fiz pequena investigação sobre o caráter do mago com os empregados e escravos da tua casa e de outras para compreender o universo enigmático. Muitos disseram que o vidente decerto seria um charlatão. Acreditei ser essa a verdade. Contudo, observei que, em tua presença, ele não conseguiu fantasiar para enganá-lo; falou a verdade pela imposição de forças sobrenaturais. Duvido que o tesouro que tu receberás faça parte das benesses materiais.

– Não?! E o que será? Mais um filho, um neto... Sim, esses são os maiores tesouros que me faltam possuir, que não sejam fortunas materiais. Desconheço outros.

– Reflete bem para que não passe despercebido pelo tesouro.

– Agora és tu que falas por enigmas.

O diálogo findou com o silêncio espontâneo que ambos sentiram necessidade de externar. Eram as interrogações exigindo reflexões profundas. Distanciando-se das cercanias da casa do feiticeiro, mas tendo prementes suas últimas palavras, seguiram para o palácio de Pilatos. Aproximava-se o momento da reunião com os publicanos de Jerusalém. Passaram pelo mercado da cidade, e Zaqueu, de olhar inquiridor, observou novamente os comerciantes em pleno trabalho. Percorreram a rua dos oleiros e a dos tecelões, avistaram senhoras tingindo tecidos fabricados ali mesmo; eram os mais fáceis para venda, por atender a classe de baixa renda. Quando passaram pela rua dos artesãos, Zaqueu lembrou-se da aventura vivida por Samiel na noite anterior e expôs seus anseios apressadamente:

– Estamos próximos do casebre misterioso?

– É imediato.

Terminaram de percorrer a rua, circularam um pequeno corredor e seguiram com destino ao portão leste, como se retornassem para casa. Depois, adentraram uma região sombria, habitada por pobres; mendigos, jogados pelas calçadas e mulheres se prostituindo empobreciam a paisagem. Os olhares, próprios de quem vive aquela espécie de vida, viraram-se para o coletor. O homem de Jericó perguntou-se quem os teria colocado ali, de quem era a responsabilidade por terem fracassado na vida. Alegrou-se ao reconhecer que tinha vários defeitos, mas que nunca contribuíra para a queda de uma mulher. Evitava o contato com elas, mais por respeito do que por preconceito.

Homens seminus, sentados nas portas das casas, esperavam o tempo certo que viria, mas incerto dos fatos. O publicano lamentou-se novamente:

"Quantos passam fome! Muitos têm saúde, mas, sem trabalho, terminam experimentando a insolvência. Novos postos de emprego poderiam ser criados para alimentar milhares de famílias. Isso seria melhor do que ver toda a fortuna do país amontoada em celeiros ou nas mãos dos banqueiros. As crianças, espalhadas pelas ruas estreitas de terra batida, só estão esperando crescer para viver esse estado de penúria, quando poderiam receber educação. Mas os escribas cobram caro por seus serviços; nunca um deles poria os pés num lugar deste. Que ganhariam prestando serviço a essa gente? É preferível trabalhar para os ricos da sociedade. Depois, filho de pobre não tem expectativa de vida, cedo enveredando pelo caminho do erro. Cada um se importa com o próprio problema, indiferente às dificuldades do outro. Felizes os que comem e bebem todos os dias!" - e questionou-se ainda:

"O dinheiro que tenho os ajudaria, poderia tirá-los das ruas ou, ao menos, minoraria suas dores" - a reflexão foi passageira e, com ela, foi-se a vontade de amparar o próximo, concluindo - "mas para isso, terei que me desfazer de muitos bens que me faltarão mais tarde..." - ele pausou para a meditação - "e se me desfizesse apenas de pequena parte da fortuna?"

As tentativas de reflexão levaram-no a temer a fome e a miséria. Então, preferiu seguir viagem, ignorando o quadro de pobreza humana que se desenhava diante dos olhos. Percebeu a própria fraqueza sentimental. No dia a dia, não agia assim.

"Se eu continuar dominado por sentimentos tolos, tornar-me-ei benfeitor dos mais carentes e isso, certamente, não faz parte dos meus planos" - cerrou os olhos para aquelas desgraças mais fortemente que outrora e seguiu adiante.

Os devaneios tiraram-lhe a atenção; já não sabia o caminho percorrido. Se não fosse por Samiel, estaria perdido e teria que pedir ajuda a desconhecidos para retornar. Pararam em frente à suposta casa.

– É aqui?

– Sim.

– Então, bata à porta! Veremos quem sai.

Samiel bateu de leve. Esperou alguns segundos. Silêncio. Repetiu o ato. Ergueu-se em posição suspeita, especulativa; olhou através dos umbrais da parede lateral do imóvel apenas para ter certeza da impossibilidade de investigação. Era uma só parede para as duas casas.

"Alguém estará por aqui; não passarei por mentiroso!" – meditou Samiel.

Voltou a cravar sobre a porta suas mãos, mas nada diferente aconteceu. Foi então que, da casa vizinha, surgiu uma velha senhora.

– Que diabos pretendem pondo abaixo a porta dessa casa? Acaso desconhecem as boas maneiras? Só porque somos pobres... – a fisionomia descomunal pelo excesso de gordura, as vestes que pouco davam para cobrir a metade do corpo e os modos grosseiros, meio masculinos, assustaram-nos.

– Desculpa-nos, senhora! É urgente o que temos a tratar com os moradores desta casa.... – afobado, transpirando de pavor, Samiel tentava modificar a impressão que dera inicialmente.

– Partiram bem cedo. E não me perguntem para onde, que não sei dizer.

Diante da recusa para fornecer mais informações, Zaqueu sacou do pequeno alforje algumas moedas e repassou-as à senhora.

– Aonde foram? Sabes nos informar?

O semblante transformou-se de imediato, mas não o suficiente para tornar-se o mais encantador. Amenizou o momento efusivo.

– Muita gentileza tua gratificar-me. Porém, de fato não sei qual destino tomaram. Levaram tudo. Chegaram aqui há poucos dias, imaginei que se demorariam por mais tempo.

– Quantos eram?

A senhora, assustada com o excesso de perguntas, pediu desculpas, afirmando ter outros afazeres. Em segundos, fechou a porta atrás de si.

O sol, mais baixo no firmamento, deixando somente a impressão de grande abajur de luz âmbar, alertou-os quanto ao tempo perdido e à proximidade do compromisso assumido em noite anterior.

– Retornemos por outro caminho, se houver! Não gostaria de manter contato novamente com essa gente! Temo a influência de forças ocultas; as emoções sentidas são estranhas. Pode ser efeito da visita ao feiticeiro... se for esse o caso, ou não, prefiro distanciar-me da provação.

Daí a alguns instantes, alcançaram o palácio do prefeito. A agitação era grande. Os publicanos aglomeravam-se à porta de entrada. Os escravos dirigiam-se aos fundos juntamente com os demais que esperavam pelos amos. Zaqueu foi ao encontro daqueles que o aguardavam com apreensão.

A ausência de Pilatos foi anunciada, devido à urgência na solução de assunto que há tempo aguardava desfecho. O chefe dos centuriões e dois escribas responsabilizaram-se pela coordenação do trabalho.

A princípio, foi concedida a palavra aos publicanos de Jerusalém. Depois, olhos e ouvidos curiosos voltaram-se para Zaqueu, o pronunciamento mais esperado.

A primeira proposta abordada foi a mesma apresentada a Pilatos: o produto deveria sofrer tributação quantas vezes fosse negociado, desde a extração da matéria-prima, passando pelo processo de fabricação, pela venda, pela revenda, até alcançar o consumidor final. Não deveriam perder nenhuma oportunidade de cobrança de impostos.

O processo, que se daria na prática, despertou o interesse dos publicanos, uma vez que, para cada província, existia um valor a ser coletado predefinido por Roma. O que ultrapassasse aquela cota pertenceria ao publicano local, como pagamento por seus préstimos, ou seja, quanto maior a arrecadação, mais rico o coletor.

Zaqueu destrinchou todos os passos: arrecadação, controle e divisão, separados por ramo de atividade. Havia, em suas anotações, todos os que atuavam na coleta da matéria-prima, desde os que apanhavam a palha para a confecção do artesanato até os que retiravam as resinas das plantas para o preparo de medicamentos, tinturas, perfumes. De outra lista, constavam os dados dos fabricantes, ou seja, os que recebiam a matéria-prima para transformá-la em produto manufaturado. Por último, havia a relação dos vendedores ambulantes, dos caseiros e das empresas.

Para controle das etapas, mantinha estrutura eficiente. Quando novas pessoas ou empresas surgiam no mercado, eram imediatamente notificadas. Ele enviava fiscais para averiguarem qual ramo de atividade explorariam e o lucro a ser obtido. Com base nisso, daquele dia em diante, cobrava determinado valor pela comercialização, seja em dinheiro ou com parte no produto. Se ficasse visível o enriquecimento acelerado do comerciante, seria realizada nova conferência para aumentar o valor da taxa.

Impressionava a organização do publicano de Jericó. Nunca haviam visto estrutura mais bem estabelecida para a arrecadação de imposto. Os publicanos presentes reconheceram a dificuldade de escapar a essa cobrança com a implantação do sistema. Gastariam mais, pois não seriam somente eles a fiscalizar; haveriam de contratar mais fiscais. Todavia, o lucro seria exorbitante.

Zaqueu finalizou explicando que, mesmo aos estrangeiros que apanhavam a matéria-prima em Jericó era cobrado tributo; ou pagavam ou não levavam a semente.

– Então, paga quem extraiu a matéria-prima e quem a comprou, mas ainda não a transformou em produto acabado? – indagou um dos participantes.

– Exatamente – esclareceu o publicano de Jericó – o que retira a matéria-prima lucra. Aquele que a compra com vistas a revendê-la ou transformá-la lucra também. Então, todos pagam.

Ovacionado pelos companheiros de profissão, a reunião findou. Zaqueu retornou para casa com o sentimento de dever cumprido. Afinal, trazia em si a determinação de servir ao *César*. Nunca pensou em auxiliar nenhum outro, fosse um profeta ou doutor da Lei Judaica.

* * *

Quando adentrou a casa, ao tomar conhecimento dos fatos ocorridos em sua ausência, pediu que Karen comparecesse ao salão principal. O noivo, preocupado com o desenrolar da situação por conhecer o temperamento do pai e saber que ele, enfurecido, seria capaz de cometer atrocidades, levou-o à serenidade. Era o tipo de caso que o tiraria do controle facilmente. O investimento fora altíssimo e ele só o fizera para agradar o filho que trabalhava desde a adolescência, sem nunca lhe ter exigido qualquer regalia ou privilégio; sempre obediente e esforçado. Mas o prejuízo foi grande. Nem bem pagara as joias no dia anterior e, hoje, já haviam desaparecido.

– Peço-te calma, pai! Aconteceria com qualquer um, não há culpado. Karen convive conosco há pouco tempo, não foi o suficiente para adquirir nossos hábitos.

– Filho, o que incomoda não é o prejuízo financeiro, mas o fato de haver acontecido debaixo de nosso teto. Isso quer dizer que existe um ladrão entre nós. Precisamos descobrir se esse dado procede. Caso se confirme, tomaremos as devidas providências, e o larápio pagará pelo crime. A Lei manda: "olho por olho, dente por dente." Devemos cumpri-la.

– Sabes muito bem que essa Lei só se aplica aos menos favorecidos.

– Não banalizaremos a Lei!

Cabisbaixa, Karen atravessou o imenso salão exatamente quando o futuro sogro pronunciava as últimas palavras. Ao perceber o tom do diálogo, suas feições terrificaram-se, e as lágrimas escorreram pelas reentrâncias da face.

Ela falou por primeiro:

– Lamento o ocorrido, senhor Zaqueu! Seria mais prudente tê-las guardado em lugar seguro. Foi como Joaquim contou: não tenho conhecimento sobre a vida nas grandes cidades, fui criada na pequena Betânia...

Sem dar tempo para ela terminar, Zaqueu levantou-se, caminhou em círculos, respirou ofegante e falou.

– Ouve-me, antes de continuares! Não duvido de tua palavra, mas quem de nós poderia ter levado as joias? – e dirigindo-se a Joaquim – alguém interrogou os escravos?

– Interroguei-os, depois vasculhei todos os cômodos da casa, mas nenhum sinal das joias – informou o filho.

– Como imaginei, em vão deu-se ao trabalho de vasculhar. Vivemos com essas pessoas há anos. Já tiveram a oportunidade de roubar quantias vultosas. Tenho em casa moedas que valem milhares de vezes o valor daquelas quinquilharias que comprei. Se não sabem, o ourives que esteve aqui não passa de um charlatão, um falsário, as joias são de enfeite, não valem nada.

Assustaram-se com a afirmação do publicano.

– Como não valem? – interpelou Joaquim.

– Não valem, é tudo falso! Joias são para pessoas vazias, sem planos para o futuro. Gastam fortunas simplesmente para adornar pescoços e braços e, no dia seguinte, a quantia lhes faz falta, mas aí é tarde, tudo já se foi. Vi muitos amigos falirem seus negócios por terem atendido a vaidade das mulheres da família. Quem for apanhado vendendo aqueles pedaços de ferro será preso; não passará de um falsário enganando a boa vontade dos cidadãos da Judeia. Caso encerrado, vamos dormir.

Não teve um que não se impressionasse com as palavras de Zaqueu. Eram muito assustadoras para serem verdadeiras.

Capítulo 10

A VISITA

O CENÁRIO, DIFERENTE DE tudo o que já fora visto em Jerusalém, tinha grande diversidade de plantas ornamentais. Iniciava junto ao portão principal de entrada do sítio e avançava em direção ao centro do jardim. Lá havia uma pequena imagem de anjo esculpida em pedra, com arco e flecha nas mãos, simbolizando o sincretismo religioso; predominavam filosofias judaicas e gregas, remetendo aos signos utópicos do amor. Em seguida, um pequeno aquário formava-se ao pé da imagem, e peixes dourados, visíveis, balançavam a água. Próximo, alpendres sustentavam plantas trepadeiras; embaixo, bancos de mármore ofereciam oportunidade de descanso. Árvores frutíferas cercavam o ambiente. Por todos os lados, viam-se macieiras, tamareiras, oliveiras, figueiras. Zaqueu encantou-se com o lugar.

"Como deve ser trabalhoso manter tudo isso! Certamente, dependem de muitos empregados para essas plantas não se desidratarem com o calor" – o publicano meditava – "impressionante é a vinha, disposta ao lado da propriedade que, naturalmente, deve pertencer ao anfitrião. As roseiras plantadas ao redor identificam a chegada das pragas, pois, ao invadirem o lugar, dão preferência ao roseiral e apenas depois atacam o vinhal. Assim, ao ver as rosas devastadas, o pomicultor providencia a preservação da vinha."

O conjunto monumental formado pela natureza, mas colocado ali pelo homem, invadia parte do terraço da mansão. Em uma das laterais, as trepadeiras haviam subido praticamente por todo o muro e, das sacadas do andar superior, pendiam galhos verdes dos jarros com flores em diferentes tons. Com tanta natureza viva, o aroma do lugar era doce e inebriante, variando de fragrância à medida que se avançava, mantendo contato com as diferentes espécies.

Nas varandas laterais, redes de tecidos finos com bordados orientais, tracejados com fios dourados e franjas que desciam praticamente até o chão, estavam estendidas. Serviam para os que desejassem fazer a sesta. No interior, pavões circulavam livremente. Quando Zaqueu aproximou-se de um deles, o animal abriu o penacho em um leque colorido que lembrava um arco-íris cravejado de pedras preciosas; os tremores emitidos com o corpo eram bastante singulares.

– Confesso que nunca vi um tão próximo. Estou fascinado com tanta beleza – afirmou Zaqueu, que sorria impressionado com a ave.

Também circulavam patos e outras aves. Não muito longe, avistavam-se currais com ovelhas. Os camelos, mantidos à parte, mas sempre prontos para atender à família, eram belos, causavam inveja aos ambiciosos.

Zaqueu, juntamente com a família, foi recepcionado por Isaac. A tarde iluminada e o frescor agradável fizeram do encontro uma ocasião inusitada. Então Ana, a anfitriã, deu preferência a servir a mesa com as iguarias em espaço aberto, debaixo das figueiras. Sentaram-se.

Logo após, Saul orientou os servos que depositaram imensas bandejas com variados tipos de caça. Em outras, frutas diversas coloriam a mesa e, para finalizar, jarras contendo bebidas refrescantes foram postas.

Isaac fez questão de deixar à vista suas posses. Se Zaqueu aceitasse o casamento de Sarah com Saul, daria um excelente passo. Ela era filha única, muito prendada, longos cabelos dourados, uma raridade naquela região. A pele era alva e os olhos amendoados, nariz afilado e boca bem delineada.

– É mais bela do que a mãe quando jovem – comentara o publicano com outros da família, em muitas ocasiões – o principal é que foi educada pelos melhores escribas de Jericó. Não permiti que, por ser mulher, se dedicasse exclusivamente às atividades domésticas. No entanto, se a colocarem à prova em questões domiciliares, decerto também se destacará entre muitas jovens.

Com isso, o publicano se deteve em cada detalhe do lugar. À primeira vista, o brilho poderia enganar os olhos. Então, estaria atento para não adquirir gato por lebre. Observou que a casa era muito bem cuidada, decorada com tapeçarias da Pérsia, móveis elegantes vindos da região do Mar Adriático, cortinas de seda fina que remetiam ao Egito e utensílios domésticos, taças, pratos, bandejas e talheres, fundidos em alguma outra parte do Oriente. Tudo muito extravagante; não restava dúvidas quanto à originalidade.

"Tudo isso deve ter custado uma fortuna. É muito difícil adquirir tantos bens valiosos pagando os impostos corretamente. A resposta está aqui para o descaso que acontece em muitas partes da Judeia: pessoas enganam os publicanos por não saberem as estratégias de uma boa fiscalização. Posso afirmar, por experiência própria, que ninguém acumularia tanta fortuna agindo honestamente com o Estado" – meditava profundamente o publicano sobre o assunto.

Enquanto isso, do lado oposto, Isaac observava a expressão taciturna de Zaqueu e tentava adivinhar seus pensamentos. Não era só a fisionomia, mas a forma como os olhos aprofundavam a visão em busca de mais informações sobre o lugar. Foi Raquel quem o trouxe de volta ao mundo dos vivos.

– Querido, estamos aqui, estás preocupado? Algo te aflige e não sabemos?

– Caso precises de alguma coisa, por favor, diga-nos! Se necessitares de ajuda, solicita-nos – afiançou a presteza de Isaac, preocupado, ao novo amigo.

– Sinto-me bem! Imaginava como fizeste para juntar tantas coisas belas em um só lugar. Não pude deixar de perceber que os jardins são lindíssimos. O laranjal, as tamareiras, as figueiras, o vinhal ao lado, são muito bem cuidados. Essas flores são maravilhosas. Confesso que nunca havia visto a natureza como agora a observo.

– Mas, querido, Jericó é um verdadeiro oásis em meio ao deserto, tem muitas belezas naturais. Como afirmas que nunca as viste? – comentou Raquel.

– Compreendo a estupefação do nosso amigo – garantiu Isaac – realmente, há aqui um cuidado diferente. Minha esposa zela por este lugar como se fosse um pedaço do céu para o qual um dia iremos.

– Também observei a casa, repleta de artigos de arte e de peças decorativas, oriundos de lugares distantes. Como fez para reuni-los todos? Sim, pois tens objetos de praticamente todos os países banhados pelo Adriático. Deve ter dado muito trabalho juntá-los, imagino.

– São lembranças dos lugares por onde passamos.

Sempre que viajamos, trazemos algo para embelezar nosso lar. Para teres uma ideia, somos casados há mais de trinta anos e recomeçamos nosso matrimônio a cada novo dia! - explanou Ana, deixando visível o sentimento nobre que nutria pelo cônjuge.

Dirigindo-se a Isaac, o publicano insistiu em suas especulações:

- Mas, com o teu trabalho tens condição de possuir tudo isso e ainda realizar as viagens que dizes fazer? A imposição dos tributos não te prejudica os negócios?

- Isso é totalmente contornável. Os impostos são altos. Porém, não sou um simples comerciante. Ao contrário, apanho mercadorias em diversos lugares, de Roma, do Egito, da Grécia, até de terras mais distantes da Gália. Assim, o lucro garante-me o acúmulo de bens. As viagens que faço com minha família também são a trabalho e somente com muito afinco erguemos o pequeno patrimônio que hoje possuímos.

- Não duvido de tua honestidade, mas, responde-me: em Jerusalém existem muitos comerciantes vivendo dessas mesmas regalias? Sim, pois de acordo com o que vejo, as coisas por aqui andam muito fáceis!

- Talvez, senhor Zaqueu, não sejam as coisas que estejam fáceis em Jerusalém, mas as de Jericó que andam extremamente difíceis - disse Isaac.

A exclamativa sobressaltou-os. Nunca imaginaram que a conversa corresse por aquele caminho. Para salvar a tarde e não dar por perdida a iniciativa, Saul tentou contornar a situação.

- O que mais se fala na cidade é sobre a reunião da qual o senhor participou com os publicanos de Jerusalém no palácio do prefeito. Impressiona-nos como ages para multiplicar a arrecadação. Talvez, quando for implantado aqui o sistema que implantaste em Jericó, as coisas mudem e, quem sabe, diminuam as possibilidades de enriquecimento fácil, mesmo sendo nossa fortuna erguida sobre os alicerces da seriedade.

Saul não obteve sucesso em suas colocações. Ofendido, Zaqueu concluiu que o jovem insinuara que ele havia erguido o próprio patrimônio ilicitamente. Sem querer mergulhar no assunto e prolongá-lo, foi direto ao motivo de sua vinda até ali.

– Discordamos em alguns pontos. Assim, peço-vos que nos visitem em Jericó. Quem sabe passaríeis parte do próximo verão conosco! Sabeis que nossa cidade tem a temperatura mais amena para o período.

– Claro, será um prazer – agradeceu ao convite Ana, que também tentava amenizar o teor da conversa – sempre desejei conhecer um pouco de Jericó. Costumeiramente passamos por lá, mas nunca nos demoramos.

– É verdade! Decerto iremos. Mas o que nos fez nos aproximar de tua família, desde o dia em que nos avistamos no palácio do prefeito, foi a possibilidade de nosso filho, Saul, desposar tua filha, Sarah.

– Disso eu sei! Contudo, entendas que os fatos não se resolvem com tanta pressa, requerem tempo para calcular. Afinal, o passo que será dado refletirá na vida dos dois para sempre e, claro, na das famílias envolvidas. Argumentei com minha esposa, e ela concordou que o rapaz converse com nossa filha. Se ambos consentirem com a proposta, será consumado o noivado.

O riso ocupou os lábios dos futuros noivos. Não imaginavam que seria tão fácil. Sarah desconheceu o próprio pai. Até mesmo para Joaquim ele havia posto vários empecilhos nas tentativas de noivado. Imaginava que somente aceitara Karen como nora porque era filha de um grande amigo. Mas, com ela! Por que tanta benevolência?

– Façamos da maneira que achares melhor. Se permitires, Saul irá a vossa casa em dia e hora marcada para conversar com Sarah. Entendendo-se, acertaremos, em particular, sobre a núpcia – Isaac garantiu.

– Perfeito, concordo! – ratificou Zaqueu.

– Saul é filho único. Por isso, deixaremos que faça suas próprias escolhas para vê-lo feliz.

– E verão – garantiu o publicano – bem, acertado e ambas as partes satisfeitas, partiremos. Mais uma vez parabenizo-te pelo sítio! Espero retornar mais vezes! Só te peço que não nos sirva tanta comida, nem faças virem tantas bebidas. Sobrou demasiado, e isso representa prejuízo ao caixa.

Isaac admirou os modos daquele homem de estatura baixa, mas de grande personalidade.

Partiram antes quc o sol se pusesse ao longe, trazendo a escuridão da noite.

Capítulo 11

SAMIEL E A DOR DO OUTRO

TÃO LOGO A FAMÍLIA de Zaqueu saiu para a visita na casa de Isaac, Samiel seguiu ao mercado de Jerusalém para adquirir especiarias e condimentos. Ele buscava novidade para as cozinheiras alegrarem a todos com o bom sabor dos alimentos. Cedo, avistou uma senhora de traços finos, gestos delicados, bem-vestida. Ela pedia comida aos comerciantes e compradores. Aparentava cansaço e angústia, revelando certo desespero e até decepção com o arrecadado. Envolvido de compaixão, o escravo aproximou-se.

– Senhora, em que posso ser útil?

– Filho, ajuda-me a pôr estas mercadorias naquela carroça.

A respiração ofegante da senhora denotava cansaço profundo. Samiel, sem demora, transportou os cestos. Recuperando-se, ela contou-lhe sobre a tarefa que exercia.

– Necessito de alimentos e de roupas para os doentes que se escondem na floresta. Uma parte, eu e outras amigas adquirimos com recursos próprios, e a outra, peço aqui, no mercado.

O escravo, comovido com a atitude da senhora, comprometeu-se em ajudá-la.

– Pela manhã, levarei algo para amenizar a dor dos aflitos.

A senhora agradeceu e partiu puxando a carroça, pois não tinha um animal para fazer o serviço.

Ao retornar, Samiel alcançou as dependências dos escravos, entregou as especiarias e os condimentos para as cozinheiras e pediu-lhes que o ajudassem a separar um pouco do alimento que lhes cabia. Zaqueu comprava tudo com moderação, e o que a família não consumia, repassava aos escravos; nada era desperdiçado. Sabia a quantidade de cada produto que era consumido e adquiria exatamente o necessário. A prioridade não era passar necessidade para economizar, mas viver bem, dentro do exigido.

Os escravos e servos juntaram bastante alimento, retirando da parte que lhes pertencia. Foi tanto que talvez faltasse para eles no futuro. Roupas e lençóis foram fáceis de obter, os amos compraram muitos em Jerusalém. Então, os velhos foram repassados aos escravos. Com isso, uma parte iria para a caridade de Samiel.

Na manhã seguinte, o escravo foi à floresta levando os cestos. O local situava-se entre as árvores próximas à cidade de Jerusalém. Além do verde que se desdobrava em diferentes tons, havia flores campestres que exalavam aromas suaves, deixando o lugar com sensação agradável. No lado oposto, um córrego avolumava-se, formando um espelho que refletia a natureza. Mais abaixo, algumas pedras sob a copa das oliveiras permitiam que senhoras tomassem assento e descansassem sob sua sombra.

Ao aproximar-se, uma idosa veio a seu encontro, tomou-o pelo braço e conduziu-o ao lugar onde pessoas coziam alimentos, enquanto outras separavam os pães que seriam servidos aos enfermos. Entregou os cestos que trazia e passou a ajudá-las. Após breve tempo, entendeu que aquela parte do preparo havia terminado. Então, juntamente com os demais, entrou mais ainda na floresta em direção ao leito do córrego.

De surpresa, estranhas figuras surgiram das grutas e dirigiram-se a eles. Serenamente, a equipe aproximou-se e desenrolou as ataduras que envolviam parte do corpo dos moribundos. Tempo decorrido de observação desse trabalho, Samiel juntou-se ao grupo na realização da atividade. Removeu as crostas que se formavam em volta das feridas dos enfermos com tecido e água. Aplicou unguentos e outros produtos à base de ervas para voltar a envolvê-los em faixas, garantindo-lhes mais alguns dias de tranquilidade sem o ardor que o suor e o calor causavam às lesões. Encantado, o novo tarefeiro observava com que carinho os moribundos eram tratados pelas senhoras. Emocionava-se ao ver tanta dedicação ao próximo. Outras chegaram com frutas e pães que foram distribuídos igualmente entre todos.

A fome que sentiam era tanta que não houve receio em devorar o alimento vorazmente; não dialogavam enquanto comiam. Samiel imaginou que seria aquela a primeira refeição do dia e já estava finalizando a manhã. Depois, a equipe partiria com a promessa de retornarem no dia seguinte. E Samiel questionou-se, antes de verbalizar:

– Ficariam com aquele punhado de alimento durante o restante do dia e por toda a noite?

– Filho, temos pouco. O que pedimos aos outros não aumenta muito. As pessoas não creem que precisam contribuir para minorar o sofrimento do próximo!

Alimentaram-se. Em seguida, sentaram-se para narrar suas histórias de vida. Entre eles, havia os que foram ricos comerciantes, mas a moléstia os tinha impedido de continuar trabalhando. Se insistissem, perderiam todos os clientes.

– Seria injusto impor aos familiares a convivência com um ser que está apodrecendo em vida – afirmavam alguns.

Outros estavam revoltados:

– Deixamos todos os bens para nossa família e agora vivemos como miseráveis, banidos do meio da sociedade – mas havia aqueles conformados; não havia outra escolha, a não ser sofrer resignadamente.

Os que nasceram em condição de pobreza aceitavam a situação facilmente, sem muitas lamentações. Acreditavam cumprir os desígnios divinos, que o castigo seria por erros cometidos no passado. A maioria discordava dessa crença, afirmando não ter feito nada de tão ruim para merecer tanto sofrimento. Porém, era contestada:

– Se não fizemos nesta existência, provavelmente foi em outra – a discussão avançava na tarde e já durava horas, sem perceberem o tempo decorrido.

– Pretendo ir à Galileia. Falam que por lá há um profeta curando todo tipo de mazelas. Contam que purificou vários hansenianos.

Samiel interessou-se pelo assunto e deu mais atenção às palavras do enfermo.

– Um pregador que vivia às margens do rio Jordão, de nome João, anunciou a vinda dele, dizendo que fora mencionada em diversos livros da Torá. Afirmava: Ele tirará as angústias do Mundo e libertará o povo de Deus.

Todos quiseram saber onde encontrá-lo.

– O Messias vive nas cidades situadas às margens do Lago da Galileia. Não se demora em lugar algum. Passa mais tempo em Cafarnaum para descansar, mas, tão logo se refaz, segue adiante. Não para, até porque o povo não o deixa só em nenhum instante.

"Maravilhoso!" – vibrou o íntimo do escravo, e ele continuou pensando – "nunca ouvi falar de alguém com tantas virtudes. Que vontade de ir até ele! Mas, na minha condição de escravo, é quase impossível. Imagino como seria venturoso se Zaqueu se sensibilizasse com a causa desses que estão aqui! Com a fortuna que possui, ele os ajudaria muito. Porém, é sonho pensar assim. Para ele, tudo isso não é problema seu."

Após mais alguns momentos de troca de afeto, a equipe despediu-se dos enfermos e partiu, cada um para seus afazeres. No dia seguinte, retornariam ao mesmo lugar, no mesmo horário e dariam continuidade ao trabalho. Leves e envolvidos em paz indefinível, transformavam-se – difícil de explicar com palavras –, com a sensação de dever cumprido.

Os últimos raios de sol sumiram e as primeiras claridades da Lua surgiram. No pequeno palácio, Zaqueu deu pelo sumiço do escravo. Aguardou-o no gabinete. Solicitaria dele, quando chegasse, que narrasse as descobertas. Possivelmente, havia saído para investigar os segredos de Karen.

Ao chegar, Samiel narrou cada detalhe: que fora ao mercado e conhecera novas pessoas; que, sim, teve a curiosidade de verificar se a casa visitada por Karen, dias antes, permanecia vazia. Tudo com muita riqueza de detalhes; não se esqueceu de nada.

– E as joias? Viste se Karen as trouxe? Achaste o tesouro?

– Quanto às joias, não as encontrei. Talvez Karen as tenha trazido de volta, esperemos que se manifeste.

Zaqueu, observando o silêncio profundo provocado pelo escravo, incomodou-se com a dúvida.

– Sempre que te calas é porque desejas falar algo e não sabes como começar.

– Encontrei um bem tão precioso que o comparo ao que de maior valor possuo, a própria vida. Está na floresta, próximo a Jerusalém, entre o córrego e as cavernas. Penso em abandonar tudo, principalmente o que me escraviza à matéria, para conquistar esse Reino, que é o maior tesouro que um homem poderá obter enquanto estiver vivo na Terra.

– Falas das joias que Karen ganhou de presente de meu filho e garantiu tê-las perdido?

– Não, o tesouro que encontrei é outro. Um dia, quando estiveres interessado posso mostrá-lo. Peço-te licença para sair. Se precisares de mim, é só chamar!

– Mas... continuarás escravo mesmo tendo encontrado um tesouro tão valioso como dizes?

– Sim, pois o achado não pertence a este mundo.

As respostas vagas e incompletas de Samiel penetraram na mente de Zaqueu e o deixaram mais confuso e preocupado.

Capítulo 12

QUESTIONAMENTOS DE ZAQUEU

À NOITE, O PUBLICANO quase não dormiu.

"O escravo estaria alucinado? De onde retirou tantos absurdos?" – meditava.

Em sonho, via Samiel bravejando com um pergaminho nas mãos. Pobres, cegos, aleijados, estropiados, gente de toda sorte emocionava-se com a palestra dele.

Acordou e, ao tentar retornar ao sono, algo lhe garantiu que mergulharia nos mesmos sonhos. Decerto a impressão só passaria quando soubesse a verdade sobre o tesouro. Talvez, no primeiro momento, não conseguisse compreender o sentido da parábola. Porém, a tentativa poderia levá-lo a tal feito. Adormeceu, mas, como previsto, despertou angustiado com as imagens formadas na tela mental durante o sonho. E questionava-se: "Estarei louco? Sinto como se algo ou alguém projetasse em minha mente cenas estranhas, mas tão reais que as energias vibram como vivas dentro de mim."

Bastava a sonolência, e as imagens se repetiam. Antes que o dia amanhecesse, as cenas apagaram-se como um candeeiro ao final do pavio. Para não o incomodar, Raquel esquivou-se entre os lençóis e seguiu para os afazeres diários. Entre um ato e outro, retornava ao quarto e, percebendo a profundidade do sono do esposo, seguia em silêncio.

"Durante todos esses anos de casamento, sempre se levanta aos primeiros raios de sol e hoje se demora. Estará morto?" – questionou-se, pondo a mão próximo às narinas de Zaqueu – "identifico-lhe a respiração, apesar de mínima! Falta-nos a certeza da tranquilidade de seu estado de saúde!"

Enquanto tomava o desjejum, narrou o ocorrido aos filhos.

– À noite, Zaqueu levantou-se muitas vezes, saía e retornava ao quarto reiteradamente. Algo o perturbou seguidamente, como se adormecer o desassossegasse bastante, como se um inimigo o perseguisse na escuridão do sono. Vi-o falando sozinho em alguns momentos. Somente quando o dia amanhecia, deu-se por vencido. Não sei se dormiu ou se desmaiou, enfadado da noite. Permanece nesse estado até agora, sem previsão para despertar.

Abismado, Joaquim foi ao quarto do pai para conferir as afirmações da mãe. Durante as refeições, Samiel mantinha sentinela ao lado da mesa para o caso de precisarem de seus préstimos. Ouviu tudo calado, imaginando que a insônia do patrão se devesse ao desaparecimento das joias.

Em poucos instantes, a casa se envolveu nos afazeres cotidianos. Somente bem próximo ao almoço, Zaqueu despertou, meio sonolento. Indisposto, não quis se alimentar. No início da tarde, ainda se sentindo estranho, exigiu a presença de Samiel, mas ele não se encontrava. Dirigindo-se às dependências dos escravos, interrogou-os o motivo de tal sumiço, uma vez que ele mesmo não o havia designado para executar nenhuma tarefa fora do palácio.

Passado o tempo, contado como nunca antes, Samiel retornou à casa. Era quase noite. Sua presença foi notada de imediato pelo publicano que, sem lhe dar oportunidade para apresentar desculpas, solicitou que viesse ao gabinete particular.

– Impressionou-me a história que narraste ontem. Disseste ter encontrado um grande tesouro. Não sei se te recordas, mas o feiticeiro fez projeções sobre meu futuro, afirmando o surgimento de um tesouro que mudaria minha vida por completo, maior do que tudo que possuo e que jamais se acabaria. Crês existir alguma relação entre os fatos? Tento juntar as informações, pois alguém praticamente me força a isso. Porém, não vejo nada que as una, apesar dos pressentimentos.

– O tesouro é sutil, singelo ao extremo; provoca transformações maravilhosas que não consigo explicar, principalmente porque não tenho conhecimento suficiente. É necessário que o sintas com a alma.

– Um tesouro que não se explica com palavras?! Pode ser sentido, mas não pode ser tocado?

– Sim! Devo advertir-te: esse tesouro não se faz de bens materiais, ou seja, é desprovido de coisas terrenas. Falo com clareza?

– Se não é ouro nem propriedades, o que afinal é esse tesouro? – insistiu o publicano.

– Terás de senti-lo na alma, volto a dizer-te; não há outro meio.

– Por que encontraste o tesouro e continuas escravo? Sombrio! Pois para mim, o que não é matéria é o nada, o vácuo, o desconhecido que não merece atenção alguma.

As fortunas podem e devem ser contadas, armazenadas e avaliadas para negociação. Como saberei o quanto tenho se nada possuo para ser contabilizado? Que riqueza é essa? De que serve um tesouro se não compro a liberdade, se não me torno superior e não consigo escravizar o próximo? – pausou brevemente para reflexão e, em seguida, voltou a falar – como o transportarás para Jericó quando partirmos?

– Será transportado em mim, daí a grandiosidade! Seguirá comigo para onde quer que eu vá, até mesmo depois de minha morte.

– Samiel, meu apreço por ti é o de um pai para com um filho. Detenho-me a dialogar contigo mais do que com qualquer outro da família. Entretanto, confesso que te desconheço diante de tamanha alucinação. Pensarei na possibilidade de seguir-te rumo a essa descoberta. Mas, por enquanto, prefiro esquecer essas histórias, tanto a tua quanto a daquele feiticeiro, senão enlouquecerei.

– Senhor, quando o tesouro é descoberto não se enlouquece, asserena-se. Se ainda não te sentes capaz de buscar no desconhecido, no imaterial, no intuitivo, naquilo que não se vê, então aguarda! Sempre chega o dia em que Deus chama cada um de Seus filhos para trabalhar na seara divina. Não te preocupes com o dia de amanhã, pois ele leva o bem ou o mal junto a si, à espera de serem harmonizados.

– Com quem aprendeste essas coisas? Parecem simples, ao tempo em que são difíceis de compreender!

– O filho de Deus habita a Terra, está entre nós. De todos os lugares, pessoas vêm ao encontro dele. A Boa Nova modifica muitos, são notícias do Reino do Pai. As frases que pronuncio, aprendo-as com os seguidores que ouviram as pregações de Jesus.

– Como habita entre nós, se os doutores da Lei não o

anunciaram? Não deveriam ser os primeiros a proclamarem a chegada do Enviado?

– Assim pensávamos. Porém, ele veio em meio ao povo simples da Galileia para curar todos os males, físicos e espirituais. É necessário crer, alcançar novos meios de compreender o mundo que nos cerca. Enquanto relutarmos, não o enxergaremos. Sabes, às vezes, penso não ser preciso tanta proximidade física para vê-lo, pois posso senti-lo sem nunca ter saído daqui. A energia dele envolve todo o planeta e sustenta aqueles que nele creem, alimenta almas sedentas de amor, transforma pensamentos, derrama novos ensinamentos mesmo distantes materialmente, mas próximos espiritualmente.

– O que falas é fascinante. O que me impressiona é que entendo muito pouco. Mas comovo-me muito, choro, algo se modifica em mim, no interior, e não sei o que pensar nem como proceder. Terei de abrir mão de muitas coisas que construí para entender essa filosofia. Isso me assusta! É necessário o abandono do que me escraviza à matéria; devo buscar novos rumos para seguir a jornada e isso me causa medo – fez breve pausa para enxugar as lágrimas – sou pequeno, não somente em estatura, mas também na coragem de praticar o bem, de refazer atitudes, de permitir nascer em mim um novo homem.

– O dia chegará! O mais importante agora, para que te sintas bem e aguardes em paz o momento da renovação, é manter-te sereno. Não devemos nos preocupar com o amanhã! Cristo veio e não tem sequer onde reclinar a cabeça. Mas nem por isso deixa de trabalhar todos os dias para o Pai.

– Isso é difícil entender: como trabalhar para alguém que nunca vimos, nem sentimos, desprovido de tudo, sem direito a nada, sem bens materiais e mesmo assim ser fiel?

– Para vencer uma grande guerra são necessárias pequenas batalhas. Aqueles que buscam resolver tudo e com facilidade em um só dia enganam a si mesmos. Devemos pensar e agir com calma e no tempo certo. A pressa é característica da imperfeição.

– Sinto-me assim, um desesperançado, rico de bens transitórios, mas pobre de dons espirituais. Tento resolver tudo em um só dia para ter tempo de, no dia seguinte, encontrar novos desafios que também serão resolvidos rapidamente, apenas para obter mais. Possuir tudo é minha ambição. Sinto-me fraco quando olho à frente e observo as modificações que devo realizar internamente. Concluo que permanecer como sou agora é melhor, é mais prático e é menos doloroso. Mudar requer trabalho constante, não estou pronto.

– Descansa! Estás muito ansioso. Preocupa-te com o desconhecido e te sentes desmotivado diante do que tens a produzir...não te preocupes. Os discípulos do Cristo não nasceram prontos; são como as flores, só desabrocham no tempo certo e, belas como são, não deixam de ter espinhos.

– Às vezes, vejo-me pior do que os espinhos!

– Se chegarmos a ser adubo, sairemos vitoriosos, pois sem ele pouca vegetação existiria na Terra; é ele que a sustenta. Não importa quem somos neste momento, porque tudo é transitório. Não serão os títulos ou as honrarias que nos farão alcançar os objetivos, mas sim, as ações do bem, o desejo bem direcionado, o amor ao próximo, o perdão das ofensas, porque tudo isso nos leva à sabedoria de reconhecer-se filho de Deus.

– Como ser filho de Deus? Não viemos do barro, da matéria?

– Viemos do Pai e ao Pai tornaremos. Sermos melhores

a cada dia é nossa obrigação, por meio da prática do amor. Cristo nos disse: amai a Deus sobre todas as coisas, pois Ele é vosso Pai. E O amamos quando amamos o próximo, pois Ele habita o coração dos que estão conosco, distantes ou ao lado. Não importa a conduta de cada um, Ele sempre está ali. Deus é amor, e o outro é o espelho da vida que nos leva a ver quem somos. Passamos a nos amar ou, às vezes, a nos odiar durante essa convivência, porque não nos reconhecemos nem nos aceitamos no outro. Olhamo-lo e somos indiferentes por medo de vermos nele nossos defeitos. Então, maledicentemente, ressaltamos o defeito do outro para que os olhos dos ouvintes não se virem para nós. Para amar, é preciso também ser amor, pois, como dar aquilo que não temos? Por isso, aprender a amar-se é fundamental. Tudo começa em nós. É uma tríade inseparável: Deus, nós, o outro, juntos pelo amor.

– Posso fazer-te uma última pergunta?

O escravo meneou a cabeça em afirmativa, enquanto buscava em Deus a sabedoria para responder o questionamento do amo.

– Como amar a Deus em meio a tudo isso? – disse, apontando todos os bens ao redor – sou rico, tenho tudo, possuo coisas que muitos homens nunca terão. Vivo mergulhado no luxo e na vaidade; construí tudo à custa do suor e do trabalho de milhares de pessoas; tenho escravos. Para enriquecer, sirvo-me da condição inferior deles. Às vezes, mantendo-os em estado de miséria para tornar-me cada vez mais poderoso. Diante desses abusos, mudarei de vida? Que homem é esse que, sendo filho do Deus da bondade, quererá um servo como eu?

– Aprenda a esperar. Algo me diz que um dia verás tudo o que me perguntas, agora, se realizar. Com paciência e perseverança, metade da guerra é vencida; com amor e serenidade, a outra metade será superada muito em breve.

Olharam-se profundamente, enquanto a noite invadia suas almas e caía sobre o dia, fazendo daquelas horas instantes para a reflexão. Daquele diálogo em diante, Samiel sairia todas as manhãs sem dizer aonde iria. Levaria consigo tudo o que desejasse, nos cestos ou enrolado em tecidos. Zaqueu determinou que pegasse o necessário no celeiro da casa.

Outro dia, ao longe, avistou o escravo saindo da cidade e adentrando a floresta próxima, então pensou:

"Nesse momento, ele aumentará seu tesouro."

Capítulo 13

O NOIVADO DE SARAH

AS TAÇAS DE BRONZE tilintaram quando o sacerdote oficializou o noivado de Sarah e Saul. Entre risos e falatórios, os convidados, todos de Jerusalém, divertiam-se na casa de Zaqueu, que desejou oferecer a festa ali, para os amigos apreciarem sua fortuna mais de perto. Como participara das reuniões sociais em muitas residências, retribuiu-lhes a gentileza com essa recepção.

– Zaqueu! – festejou Isaac – sem dúvida, és um dos melhores anfitriões que conheço. Em nenhum momento, desde que cheguei, deixaste faltar os melhores vinhos à mesa, e tenho observado que controlas tudo com muita destreza: nenhuma jarra é servida sem que a última tenha sido consumida totalmente. Valoriza o comerciante local, pois adquiriste o necessário para a ceia aqui, em Jerusalém. Outro fato a impressionar-me é a eficiência dos teus escravos. Nunca erram, fazem tudo de maneira a evitar o desperdício. Na festa, não se veem exageros; frutas e carne são oferecidas condizentes com o número de convidados presentes, diferente do que vemos nas recepções romanas.

– Respeito muito os romanos e sou grato a Tibério César pela confiança dispensada a mim. Porém, não sigo seus costumes. Sou judeu, acredito em Abraão, em Moisés e em Elias, os profetas de nossa terra. Jamais permitiria que dançarinos entrassem em minha casa para se apresentarem em trajes sensuais para meus convidados. Isso nunca! Não é característica de um homem honrado.

Zaqueu, acompanhado da esposa, circulava pelo salão e pouco esforço fazia para disfarçar o orgulho de ver os filhos prestes às núpcias. Não revelou, mas Saul era um achado melhor do que supunha encontrar.

– Marido, impressiona-me ver o noivado de nossos filhos realizar-se em tão curto espaço de tempo. Nunca pensei que seria tão rápido... brevemente estaremos sozinhos em casa. Parece que necessitas concluir uma parcela de tua missão para iniciares outra. Nada aconteceu em nossos anos de casados que seja semelhante a tanta satisfação!

Raquel, segurando o vestido com uma das mãos e com a outra depositada sobre o braço do marido, distribuía elegância. Superara-se, se se relacionasse o momento atual com o dia em que seguiu ao palácio do prefeito.

– Criamos os filhos para seguirem o próprio destino. Depois, esse rapaz é um ótimo pretendente para Sarah. Os homens são seres imprevisíveis e difíceis de lidar. Esse parece ser dócil. Logo logo se adaptará a Jericó e aos costumes da família – explicava Zaqueu ternamente, serenando os ânimos da esposa.

Com a chegada de algumas senhoras para fazer companhia a Raquel, o publicano seguiu para onde os amigos conquistados na festa do prefeito Pilatos o aguardavam.

– Não tardaram em colocar em prática o que discutimos

na reunião no palácio. Parece-me que os procedimentos seguem a contento ou me engano?

– Zaqueu, Zaqueu! És muito astuto. Se Deus ganhasse teu coração, garanto-te que serias um dos seus melhores servos – disse Alexandre, um estrangeiro que acumulara patrimônio sólido em Jerusalém, invejado por muitos.

– Lamento, meu caro Alexandre! Mas não nasci para servir. Zombas de mim?

– Não é zombaria. São analogias baseadas na tua sabedoria, pois se não sabes, prezado amigo, Deus sempre recruta os melhores guerreiros para Seu exército.

– Sendo assim – disse o publicano de Jericó – contentar-me-ei em ser recrutado. Se for como falas, até que não é má ideia ir para o céu depois da morte. Eu mesmo nunca duvidei de minha ida para lá. Se só os justos têm acesso, serei o primeiro a entrar. Garanto-te, sempre fui correto com os meus!

– E com os outros, os que não fazem parte dos "teus"? Porventura não os consideras próximos? – continuou o estrangeiro.

– Os outros aos outros pertencem, cada qual com os seus. Não posso tomar conta do mundo. Meu dever é para com aqueles que me cercam, com os próximos a mim, e que saibas, ninguém tão próximo quanto minha família, amigos, escravos, servos. Pergunta-lhes e comprovarás o quanto sou gentil.

– Não se faz necessária determinada investigação; sabemos de tua bondade. Dizem que és excelente patrão e que tens uma família maravilhosa. Agora, há pouco, conversava com tua filha e confesso que nesta região nunca encontrei uma jovem tão educada, meiga e prestativa quanto ela. É de admirar que tenhas conseguido educar teus filhos de modo tão esmerado, mesmo vivendo em uma cidade pequena como Jericó.

– Concordo quanto à extensão de Jericó. Entretanto, é bem servida pela natureza. O clima agradável e a vegetação rica com as mais diversas espécies de árvores, plantas e ervas medicinais fazem de lá parada obrigatória para aqueles que desejam descanso e diversão. Essas qualidades atraem bons escribas, o que facilita a educação dos filhos.

– És tão amável ao abordar o lugar em que vives que me desperta o desejo de passar algum tempo por lá.

– Possuis casa ou sítio em Jericó?

– Sei que toda autoridade que se preza possui uma mansão em Jericó. Até mesmo Herodes tem uma por lá. Brevemente também terei, nem que seja somente para o verão, quando as temperaturas são mais amenas.

– Convido-te, desde já, para o casamento de meus filhos. Planejamos para que ocorram no mesmo dia. Como és muito amigo de Isaac, irás com ele. Será exatamente daqui a um ano. Ficarás hospedado em minha casa.

A festa durou praticamente a noite inteira, e os últimos convidados partiram somente quando os primeiros raios do sol iluminaram a claraboia da parede externa da casa.

Nos dias anteriores à recepção, Karen esteve alegre como nunca se vira. Colheu flores no pátio da casa e manteve os ambientes coloridos e perfumados. As confabulações amorosas com o noivo prolongavam-se pela noite, quando se distendiam sobre o parapeito da varanda para observar o brilho das estrelas. Mas, no dia do noivado de Sarah, sentiu-se mal: fortes dores musculares e desarranjos intestinais solaparam-na, tornando impossível sua presença na festa. Raquel pediu a vinda urgente do médico, e ela revidou:

– Senhora, não se desgaste com minha indisposição.

Sinto-me assim todas as vezes em que se aproximam grandes acontecimentos. Nutro por Sarah sincera amizade, tenho-a como uma irmã...daí esse desarranjo orgânico. Não esperava vê-la noiva tão depressa. Deixa-me descansar um pouco. Não será preciso a presença do médico. Tão logo me sinta melhor, seguirei à recepção para comemorar com os convidados.

Uma vez mais, Zaqueu e Samiel estranharam a atitude da moça.

– Tudo bem que não queira sair de casa, mesmo não havendo motivo aparente para tal. Mas esconder-se quando a festa acontece no próprio lar é muito estranho! – falou o publicano.

– Se permites observar – pediu Samiel – creio haver relação entre o atual comportamento de Karen e as pessoas do casebre. Se ela pertence realmente àquela família, então foi criada aqui. Com isso, muitas pessoas devem conhecê-la. Daí o medo de aparecer em público – concluiu ele.

A colocação do escravo era perigosa, ao tempo em que fazia sentido.

– Karen é filha de Abimael, meu amigo da cidade de Betânia. Há algum engano nas colocações da senhora que viste no casebre.

Zaqueu externou as palavras, mas não sem perturbar a serenidade fisionômica, como se tentasse explicar algo duvidoso. Novamente o silêncio os incomodou.

Daí a três dias, a família de Zaqueu retornou a Jericó, convencida de que aquela fora a melhor viagem de suas vidas.

Capítulo 14

NOVAMENTE EM JERICÓ

ZAQUEU ACONSELHOU JOAQUIM A residir em uma das casas que pertenciam à família; teriam mais privacidade. Mas o filho contra-argumentou, afirmando que não havia necessidade. No mesmo dia, Sarah partiria, deixando-os sozinhos.

– Pai, deixa-me seguir a intuição! Gosto muito da tua companhia. Não me vejo em outro lugar; depois, Karen já concordou. Ela gosta de ti, diz ser muito jovem para cuidar de uma casa sozinha. Ao lado de mamãe, aprenderá muitas coisas. Com o tempo, quem sabe não mudamos de ideia?

– São nossos costumes. Todo recém-casado deve morar com sua esposa em seu próprio lar, constituir família, ter filhos. Não interpretes mal minha atitude, como se não desejasse tua companhia. Pelo contrário, amo-te muito! Não quero ver-te longe de mim nem por um dia. Quando digo outra casa, refiro-me a qualquer uma, nessa mesma rua na qual residimos aqui em Jericó. Não precisa ser longe. Se na que escolheres houver moradores, pedirei que se retirem. Farei qualquer coisa por tua felicidade.

– Se fazes qualquer coisa por minha felicidade, então, faz isto: deixa-me residir aqui! Uma voz me garante que deve ser assim.

– Se afirmas que o melhor é continuares aqui, não falarei mais desse assunto. Deixar-te-ei mudar de ideia no teu tempo.

– Agradeço-te muito!

Voltando a Karen, encontramo-la conversando com Sarah.

– Como nos adaptaremos à nova vida? – Karen perguntou à futura cunhada, enquanto cuidava dos bordados.

– Não há muitas escolhas, decerto seremos felizes! Mamãe disse-me: casamento são laços de amizade. O marido nos ajuda a entender os novos acontecimentos e nos orienta quando nos falta experiência. Isso em tudo: no amor, em casa, no trabalho.

– Assim se torna mais fácil! Joaquim me instruiu em muitas coisas. Pediu que observasse o movimento da casa e como Raquel realiza as atividades. Realmente, não é difícil, mas é muita responsabilidade.

– Uma responsabilidade dividida. Encontrarás apoio em teu marido e ele em ti. Isso é muito consolador.

Sorrindo, continuaram a costura das peças do enxoval para finalizar o conjunto. Uniam o trabalho ao lazer e o lazer ao aprendizado.

Quanto a Saul, viera duas vezes a Jericó, mas não teve oportunidade de conversar com a noiva. Sempre a mantinham a distância, para que comentários maldosos não viessem à tona. Era importante manter o equilíbrio e a harmonia das emoções.

Na primeira vez em que veio à cidade, juntamente com Zaqueu, buscou a localização ideal para o comércio de tecidos, de tapetes e de objetos de decoração, mesmo ramo de atividade do pai em Jerusalém. Na segunda vez, consolidou o negócio, adquirindo um excelente ponto comercial no mercado da cidade, que tinha um bom fluxo de pessoas da comunidade local e circunvizinha.

Após fechar o acordo, deu preferência a voltar para Jerusalém e, com a ajuda do pai, adquirir as primeiras mercadorias. Depois, seria tudo por conta própria, caberia a seu talento administrativo.

Quando parecia que as peças do jogo haviam se encaixado, no pátio da casa de Zaqueu, antes que Samiel se deitasse, um vulto levantou-se e ganhou a rua. Sem pensar duas vezes e sem lembrar-se de vestir as roupas de Joaquim para disfarçar a aparência de escravo, Samiel seguiu o vulto, já imaginando quem seria.

O céu coberto por nuvens transformava os atos noturnos em uma aventura em meio ao véu de breu. Os que vagavam pelas ruas nada produziam; a única saída era recolher-se mais cedo. A fase era imprópria até mesmo para os que exerciam atividades noturnas.

A princípio, avistou uma silhueta escondendo-se por entre as árvores, paredes e cercas do caminho, olhando constantemente para trás.

"Se a noite está sombria para os que praticam atos dignos, não está muito diferente para os que desejam praticá-los erradamente" – concluiu o escravo.

Avançou a passos rápidos, temendo que Karen tomasse destino diferente e o pusesse em dúvida quanto à trajetória seguida. Adiantou-se mais ainda, quando, diante dele, um desconhecido surgiu e segurou-o pelo braço. Assustado, tentou correr, mas era tarde, estava totalmente dominado. Apesar de ter bom preparo físico, não foi páreo para aquele e entregou-se para saber o que aconteceria.

Antes que abrisse a boca, foi atingido violentamente na cabeça e desmaiou. Samiel acordou horas depois com mendigos tateando seu corpo em busca de valores. Apavorado, livrou-se dos larápios e retornou à casa do publicano. Quando se viu seguro dentro do recinto, pensou em regressar e continuar a perseguição, mas era tarde demais. Àquela altura, o que tinha de acontecer já havia ocorrido. Seria capaz de a moça estar de volta à casa. Mas só sossegaria se sanasse a dúvida.

Subiu ao andar superior, local dos quartos dos amos, passou por Zaqueu em silêncio, temendo que fosse apanhado de surpresa em lugares da casa pelos quais não tinha autorização de transitar àquela hora da noite. Avançou no sentido do quarto dos filhos. No final do corredor, estava o de Karen. Quando olhou através do portal, avistou a jovem deitada. Aproximou-se mais um pouco e teve a certeza de que se tratava realmente dela. Abandonou o recinto e ganhou o saguão da casa. Só então percebeu o ferimento. No rosto, havia manchas de sangue que, devido ao tempo decorrido, secara. Foi até o poço, apanhou água e lavou-se:

"Estou decidido, irei até o fim. Não deixarei esse caso sem solução; encontrarei um modo de revelar o mistério. Qual segredo não tem meios de ser desvendado?"

A claraboia iluminou-se, deixando o ambiente em diferentes tons no pátio, nas salas e na cozinha. Os escravos, enquanto os amos despertavam aos poucos, vasculharam a casa inteira e não encontraram Samiel em lugar algum, nem mesmo nos arredores.

Zaqueu chamou os seguranças da casa e ordenou que dessem busca. Tempo depois:

– Senhor, percorremos todos os lugares: o centro da cidade, o mercado, as ruas mais desertas, o setor rural. Perguntamos a conhecidos e até mesmo a senhores de propriedades distantes, mas a resposta repetiu-se: "conhecemo-lo, todavia não o vimos."

– Pois voltai e dai continuidade à busca. Ele não se evaporou.

– Nunca se afastou de nós. Sempre que lhe oferecíamos a liberdade, voltava e dizia que jamais nos abandonaria, que se esse momento chegasse um dia, certamente seria uma surpresa até mesmo para ele – Raquel relembrava, amargurada.

– Qual o problema se esse escravo não está em casa? Em Jerusalém, por diversas vezes, sumia sem dizer nada. Vi-o sair no início da manhã e retornar ao cair do sol – observou Karen.

– Mas sabíamos aonde ia – revidou Zaqueu – nunca saiu sem nos comunicar o destino. Tive conhecimento até mesmo da saída noturna que ele fez no dia em que fomos para a festa no palácio do prefeito Pilatos.

As palavras de Zaqueu constrangeram a moça, como se um segredo houvesse sido revelado. Não se contendo, ela se retirou. A atitude deixou o publicano desconfiado – "haveria alguma ligação entre o sumiço de Samiel e as atitudes de Karen?"

– Será melhor convocar a guarda romana que se encontra na cidade e pedir que realize uma busca minuciosa! Talvez ele tenha sido preso por alguém que visa vendê-lo a outrem. Se o levarem para distante daqui, nunca mais o encontraremos – argumentava Raquel, aflita, para sentir-se aliviada.

– Não nos alardeemos em vão. Deixemos passar o dia de hoje. Não descartemos a hipótese da necessidade de ele sair sem nos avisar – Zaqueu falou em tom brando, para acalmar a família.

Humildemente, uma das servas aproximou-se e pediu que fosse ouvida.

– Senhor Zaqueu, se me permites uma parte, gostaria de revelar algo sobre o assunto.

– Claro, se tens alguma informação, relata-nos! Samiel é amigo de todos desta casa. Precisamos encontrá-lo com urgência!

– Quando a noite caiu e os escravos dormiam, assim como os senhores, vi alguém saindo sorrateiramente e avançando para a rua. Tentei identificar a figura, mas não consegui. Não foi somente eu que a vi, pois, pouco tempo depois, Samiel seguiu pelo mesmo caminho. Demorou-se. Então, a figura retornou, mas nosso Samiel, não, contou a serva e pôs-se a chorar.

A narração ajudou Zaqueu a confirmar a ligação entre o sumiço do escravo e a futura nora. Pediu sigilo máximo à serva e proibiu todos de falarem no assunto e de investigarem a figura misteriosa. Retirou-se, dando a entender que cuidaria dos afazeres diários. Mas, em instantes, adentrou a casa de velho conhecido, contou-lhe o ocorrido e solicitou-lhe dois dos seus melhores homens para ajudá-lo a resolver o problema. Com a concessão do amigo, sem levantar suspeitas, colocou os dois homens de guarda. Caso alguém de sua casa saísse, seria avisado imediatamente. Estaria aguardando na varanda superior.

Como na noite anterior, o véu de breu cobriu a cidade. Com isso, Karen, coberta por manto escuro, avançou pela rua. Apressada, vencia o caminho. Um dos homens de guarda passou a segui-la, enquanto o outro deu sinal para o publicano descer depressa, senão perderia a presa.

Em segundos, estavam os três: o primeiro, muito rápido, seguia-a sem preocupar-se com os que vinham atrás, enquanto a figura misteriosa avançava rápido. Em meio à perseguição, surgiu uma quarta pessoa que também passou a seguir o vulto. Ficou impossível aos três últimos não se verem. Estranharam-se, mas diante da possibilidade de perderem a moça de vista, preferiram manter a dúvida sobre a identidade um do outro e seguiram a jornada. Após percorrerem diversas ruas, ao final de uma ladeira, ela parou diante de um casebre, olhou para os lados, bateu à porta, que foi aberta e fechada em segundos. Com isso, os homens juntaram-se. Zaqueu reconheceu Samiel no quarto homem.

– Senhor, desculpa-me por ter desaparecido! Ontem à noite, ela saiu e eu a segui. Porém, nem mesmo cheguei aqui, pois um homem muito forte agarrou-me e, quando menos esperei, fui atingido na cabeça, vindo a desmaiar em seguida. Então, tive uma ideia: se eu desaparecesse, ela se preocuparia. Como fui ferido violentamente, pensaria que morri, não tardando a retornar aqui. Dessa forma, eu a seguiria e desvendaria o segredo.

O publicano foi ao encontrou dos homens que o ajudaram na perseguição, agradeceu-lhes e solicitou que fossem embora. A questão havia sido solucionada. Disse-lhes que a fugitiva se tratava de velha escrava que saía às escondidas para visitar uma parenta enferma. Samiel confirmou a versão, e eles partiram.

Inesperadamente, Zaqueu dirigiu-se à casa e bateu à porta estrondosamente.

– Abram! Quem fala é Zaqueu. A senhorita Karen encontra-se convosco. Ou abrem ou não haverá mais nenhum casamento!

Passaram-se rápidos instantes. Quando Samiel e o publicano já pensavam que a porta permaneceria fechada, eis que ela se abre e, de dentro, surge a senhora anteriormente vista pelo escravo em Jerusalém.

Zaqueu ficou atônito, ao ver Karen sentada sobre uma pedra recostada ao canto da sala. Junto ao portal dos fundos, o homem que havia agredido Samiel substituiu a fisionomia agressiva pela meiguice. Não havia no local qualquer espécie de luxo, nenhum móvel preenchia os poucos espaços.

– Zaqueu – iniciou a senhora – sou antiga serva de Abimael, um dos teus melhores amigos. Durante muito tempo, quando ainda era jovem, morando em Betânia, nos encontrávamos, mas nunca me observaste. Na condição de serva, não chamava tua atenção. Servi a ele desde menina. Meus pais serviram a ele também. Nasci naquela casa que o senhor visitava no início da amizade entre vós.

Ele esforçou-se para recordar. A afirmação da senhora era verdadeira, nunca observava os mais pobres. Seu único interesse, quando conhecia alguém, eram as posses para coletar os tributos. Aquela figura jamais lhe chamaria a atenção. Diante do semblante carregado de rugas e queimado pelo sol, dos cabelos brancos e desgrenhados daquela senhora, uma coisa ficava visível: a dor e o sofrimento marcavam a face daqueles para quem a vida nega quase tudo.

– Servi-o muitas vezes ali. Amava extremadamente a família de Abimael e Hileia. No dia do morticínio, sofri demais. Sem saber como agir, peguei meus dois filhos, Karen, que tem o mesmo nome da filha morta de Abimael, e Joel – apontou para eles, que estavam na sala – e busquei lugar seguro. Só depois confirmei a tragédia. Atordoados, vagamos por dias, mendiguei para alimentá-los, só não roubei. Tenho medo de tornar-me escrava e de ser vendida, distanciando-me deles que são os meus maiores tesouros. Confesso que nunca pensei nisso.

Nas mãos da senhora, o pequeno baú com as joias desaparecidas podia ser visto. Os olhos marejavam lágrimas. Karen, cabisbaixa, permanecia imóvel, enquanto Joel mudava de lugar com a face carregada de dor. Era jovem, muito forte. Certamente daria um bom funcionário.

– Então, lembrei-me do senhor. Disseram-me que era muito rico, que me ajudaria. Criei forças e vim até aqui. Ao saber que assumira o posto de publicano, pois pensava que fosse comerciante, não me deixei abater pela notícia. Dentro de todo ser existe amor; não há ser que não ame alguém! Como tinhas verdadeira adoração por Abimael, não desisti de procurá-lo. Relutei, temendo por minha condição de serva; talvez fosse rejeitada. Então, pedi a minha filha para ir a tua casa e se passar pela filha de Abimael. Sei que a receberias como a uma filha, o que de fato aconteceu.

Samiel, consternado com a narrativa, mantinha-se de pé, próximo à porta de entrada. Como o cômodo era muito pequeno, a proximidade entre eles era inevitável; podiam sentir a respiração um do outro. O aroma do lugar impregnava o corpo.

– Eu sabia que aquela não era a filha de Abimael – falou Zaqueu com a voz carregada e um misto de sensações incomodando-o – recebi uma carta de meu amigo narrando a morte da esposa e da filha. Mesmo assim, representei a cena, pois Karen comprometera-se com meu filho.

– Senhor – a moça falou, contendo a avalanche de lágrimas que desafiava romper dos olhos – só continuei com a representação por que me apaixonei por teu filho. Hoje, arrependo-me do que fiz. Não saberei viver sem Joaquim, mas serei forte para aceitar qualquer decisão futura. Peço desculpas. Não perturbarei mais tua família. Volto a dizer: não continuaria com a farsa se não fosse o amor que sinto por ele.

– Por que sumiste com as joias que ganhaste de presente e, no dia seguinte, alegaste o desaparecimento delas? Para mim, essa atitude corresponde à de uma ladra.

As palavras do publicano soaram forte. Samiel, visando manter a serenidade do amo, pousou a mão sobre seu ombro, para ele sentir que ultrapassara o limite da ponderação. Zaqueu, amigavelmente, correspondeu ao afago.

– Não sou uma ladra, senhor Zaqueu. Para que quero joias? Veja nosso estado de miséria. Habitava teu palácio, comia, dormia e vestia do que havia de melhor em Jerusalém, enquanto minha mãe passava fome. Seria a filha mais injusta do mundo se ostentasse em meu corpo um tesouro que mudaria a vida de minha família. Refleti muito antes de tomar aquela atitude. As joias eram minhas, uma vez que as ganhei. Porém, sabia que deveria usá-las e não vendê-las.

Zaqueu e Samiel, sensibilizados com a narrativa da jovem, deixaram pequenas gotas descerem dos olhos, retirando-as disfarçadamente, enquanto limpavam o suor do rosto.

– Não as roubei, somente quis dar a elas um destino melhor do que a exibição de minha vaidade – Karen finalizou.

Novamente, envolvidos pelas palavras doces da jovem, silenciaram, e o escravo meditou:

– Que coração bondoso! Que carinho com a família!

– Samiel – pela primeira vez Joel pronunciava-se – lamento tê-lo machucado. Protegia um segredo que, se revelado, nos colocaria em grandes dificuldades. Nossa atitude é criminosa. Compreende e perdoa-me!

– Na minha condição de escravo, não devo recriminá-lo. Somos iguais, e somente a Deus cabe o julgamento das nossas ações.

Aquelas palavras sensibilizaram Zaqueu, que refletiu:

– De onde lhe vem tanta nobreza de sentimentos? Nada possui de material, mas carrega consigo tanto amor e senso de justiça! – depois, dirigiu-se a Karen – filha – a voz de Zaqueu soou em tom paternal – eu não tomarei esta decisão sozinho. Conversarei com Joaquim; ele resolverá sobre teu destino. Garanto, a decisão dele também será a minha.

Capítulo 15

REVELAÇÕES IMPORTANTES

O SÍTIO DE ZAQUEU tinha amplos espaços, cercados por jardins e pomares. O local servia para a família realizar encontros significativos. Foi ali que o publicano e Raquel iniciaram a vida conjugal quando chegaram a Jericó. Meses após o retorno de Jerusalém, o lugar, decorado com flores exuberantes e repleto de amigos e de parentes, iluminou-se. Do norte, vieram os mais próximos, uma vez que Raquel tinha irmãos e amigos nas terras da Galileia, principalmente em Cafarnaum; de Jerusalém e Betânia, chegaram os parentes da família de Zaqueu, como também toda a família de Isaac, pai do noivo.

Para a celebração, veio de Betânia um pequeno grupo de músicos que, entre outros instrumentos, tocava habilmente a flauta. As melodias enriqueceram o ambiente com atmosfera ímpar. Fora essa a intenção de Sarah, quando pediu à mãe que lhe desse essa alegria no dia que seria o mais importante de sua vida. A moça era apaixonada por música, encantava-se com instrumentos de sopro desde a infância.

Ao fundo, os servos trabalhavam enquanto entoavam cânticos lamentosos, ensinados pelos ancestrais. Um detalhe importante de se notar era a simplicidade com que a cultura era transmitida de pai para filho; sem recursos tecnológicos, a mente servia de arquivo para a informação. Confiava-se no homem, não nas máquinas.

O dia avançou rápido. Sem que se notasse, em pouco tempo, o sítio encheu-se, e somente os convidados mais distantes haviam chegado; faltavam os da própria cidade de Jericó, que chegariam próximo ao início do evento.

Sarah trajava vestido de tecido leve que lhe cobria completamente o corpo. Na cabeça, uma guirlanda de flores campestres adornava-lhe os cabelos; no braço, em torno do pulso, uma linda pulseira, presente do pai, e nas mãos, nada preenchia seus dedos. Cobrindo tudo, um finíssimo véu, quase totalmente transparente, caía-lhe sobre o corpo. Só seria retirado pelo noivo durante a cerimônia.

Saul usava turbante na cabeça, lembrando os árabes. Era natural, já que descendia desse povo. Vestido longo e um tecido rústico sobre os ombros caíam-lhe até os pés. Depois, o mesmo tecido voltava, envolvendo-o pela cintura. As sandálias em couro definiam sua personalidade simples. Também não usava nenhuma joia nas mãos. Mas em volta do pescoço podia ser visto um colar de ouro e, bem ao centro, a estrela de Davi, confeccionada com o mesmo metal.

Quanto a Joaquim e Karen, voltando àquele dia, ele meditou sobre os fatos relatados pelo pai. O semblante carregado de angústia refletia seu estado d'alma. As mãos trêmulas e o corpo febril revelavam a fraqueza espiritual em que se encontrava. Um leve distúrbio emocional ocasionou cansaço aparente, acompanhado por dores musculares constantes.

Por fim, o rapaz pediu que a noiva fosse trazida a sua presença. Zaqueu estava tranquilo, confiava na experiência do filho para resolver a questão. O que ele decidisse, seria feito. Contudo, não custava nada dar-lhe alguns conselhos.

– Se nunca te contei o que sabia, foi porque acreditava que os sentimentos que nutres por Karen são maiores do que minhas desconfianças. Acredita, filho, só se ama uma vez. As outras oportunidades serão em intensidades diferentes, com sabor, cor, temperatura e equilíbrio diversos. Oportunidades não se repetem. As pessoas que passam por nossa vida só passam uma vez. De outra, serão outros tempos, outras vidas, outros sentimentos. Aproveita o momento e exercita o perdão. Todos nós temos motivos para esconder algo e, muitas vezes, esse motivo pode ser o amor. Não deixes que se revelem por ti a arrogância, o ódio, o orgulho. O passado já foi. Unicamente cobrarás dela os fatos ocorridos a partir do dia em que se conheceram, quando juraram compromisso e fidelidade. Se no futuro os fatos te decepcionarem, é sinal de que os viveste para saber, e isso é mais importante do que ficar imaginando como seria se os tivesses experimentado. E se o que ocorrer hoje for melhor do que supões? Como saberás se não vivenciares?

As palavras do pai tocaram a consciência de Joaquim, fazendo-o meditar detidamente sobre o assunto. Quando a noiva chegou, praticamente já havia decidido. Assim, naquele final de tarde, além do casamento de Sarah, seria celebrado o dele.

Karen, com o corpo coberto por fino vestido de seda vermelha, com bordado nas fímbrias com fios de ouro, reluzia como rubi. Uma guirlanda em cores diversas, contendo mais flores do que a da futura cunhada, segurava-lhe os cabelos. O conjunto de joias, que fora presente do sogro, enfeitava-lhe o colo, o braço e o tornozelo. Quem a visse, imaginaria ser uma princesa egípcia, visão propiciada pelas vestes, pelos adereços e pela cor da pele.

Joaquim trajava-se de modo simples; nada acima de um rico comerciante de Jericó. Contente, sentou-se ao lado da família de sua futura esposa. Por dentro, uma energia vibrou diferente, pois se aproximara daqueles que, verdadeiramente, faziam parte da família dela. A felicidade era difícil de ser disfarçada. Karen tinha mãe e irmão para acompanhá-la. Daquele dia em diante, Joel o ajudaria nos negócios, e a matrona faria companhia a Raquel.

Com a chegada do sacerdote, deu-se início às núpcias e, em poucos minutos, os casais estavam comprometidos por toda a vida. A festa durou o restante do dia. Conversas interessantes foram travadas entre os convidados.

– Quando vínhamos para cá, encontramos uma multidão imensa na estrada. Eram os seguidores de Jesus – iniciou o assunto uma senhora que pertencia diretamente à família de Raquel, sua tia mais velha.

– Como assim, Jesus? – quis saber Zaqueu que, com olhar de interesse, concentrou-se para acompanhar cada lance da conversa.

– Sim! Por onde passa, ele realiza obras maravilhosas. Dizem que faz todos os tipos de cura – esclareceu a senhora.

– Quais tipos? Exemplifique-as, por favor! – insistia o publicano, mostrando-se mais interessado.

– Ontem, quando passávamos por ele próximo à região da Samaria, correu um boato de que havia curado mais de uma dezena de leprosos. Gente de toda a Galileia vem para segui-lo, uma verdadeira prova de devoção.

Samiel, que de longe acompanhava o diálogo, aproximou-se. Ao ver o interesse do rapaz, Zaqueu deu-lhe permissão para participar da conversa.

– Dizes que ele vem da Galileia e já passou pela Samaria? Então, muito em breve estará aqui – concluiu o escravo.

– Espero que passe por aqui. Pretendo vê-lo nem que seja de longe – falava o pensamento que Zaqueu não conseguiu sufocar.

– Querido amigo – disse a senhora – que me conste nunca foste dado a assuntos de ordem espiritual. No campo da alma, até onde sei, tens muitas falhas, e uma delas é tua ausência nas sinagogas.

– Talvez minha mudança tenha ocorrido porque as sinagogas são como túmulos, belas por fora, frias por dentro.

– Boa comparação! Penso igual a ti. No entanto, se não sabes, a Galileia é cheia de profetas. Muitos deles não passam de usurpadores dos bens e da fé do povo. Não sei se esse que se aproxima é mais um deles; também não estou muito interessada em descobrir. Se fosse para segui-lo, algo havia me tocado, não crês? – a senhora continuava.

– Não devemos ficar parados esperando que um milagre torne nossos sonhos reais. É preciso a vontade e a ação firmes – Zaqueu dava indício de alteração de pensamentos e sentimentos.

– Belas as tuas palavras! Mas vejo assim: tenho saúde e bens materiais, nada me falta. Então, o que esse homem teria a me oferecer que ainda não possuo? – respondeu a senhora.

– A vida eterna – afirmou o escravo.

Uma gargalhada estrondosa invadiu o espaço e preencheu todos os cantos do sítio, forçando os convidados a voltarem os olhos para o lugar no qual o trio dialogava, para verificar o que se passava.

– Essa juventude é louca – falou a senhora, contendo o riso – quem já viu alguém viver eternamente? Filho, desde que o mundo é mundo, eu nunca presenciei ninguém vivendo eternamente. A vida tem tempo certo; em breve, nós, que estamos aqui, morreremos. Cita-me um exemplo do contrário e me renderei a teus pensamentos.

– A vida de que falo não pertence a este mundo.

– Rapaz, ouves os profetas da Galileia; falas como um deles. Não te impressiones com tolices. Procura uma bela jovem, casa-te com ela e tem lindos filhos. A única maneira de te tornares eterno é por meio de tua descendência.

Zaqueu percebeu que não adiantava dar sequência àquela conversa e retirou-se. A informação o satisfez demais:

"Jesus passou pela Samaria. Em questão de dias chegará a Jericó" – aproveitou a chegada de novos convidados para afastar-se, pensando – "toda essa conversa sobre acúmulo de bens materiais não me agrada, entedia-me. Antes era importante para mim. O que está acontecendo?" – contemplou a alegria dos filhos, ambos casados, e meditou mais um pouco – "começarei nova vida. É chegado o momento."

SEGUNDA PARTE

Na presença do Cristo

CAPÍTULO ÚNICO

COM O CRISTO

O VENTO CANTAVA, O céu nublado carregava nuvens densas que os raios do sol atravessavam com dificuldades. Com o passar do dia, a paisagem de Jericó modificou-se: árvores balançavam lentamente no sentido do sopro ou ao contrário. Quem as visse, diria que tinham vontade própria, quando, em verdade, seguiam desejos divinos.

Roseiras, diferente de antes, desabrochavam mais perfumadas e coloridas, destacando-se entre as vibrantes energias do lugar. Animais serenos, livres como os pássaros, ou ferozes, como os presos nas aduanas, agiam diferente, ao tempo em que viviam emoções parecidas.

– Despertei, mas a mim parece que continuo adormecido, vivendo em sonho – comentou Zaqueu com a esposa, desta vez observando através da janela.

– Sim, algo de estranho enche nossa casa – Raquel respirou, deixando as sensações exalarem. Qualquer um adivinharia seus pensamentos, só de observá-la – não que seja ruim, talvez seja a ausência dos filhos. Nem bem se casaram e a solidão alcança-me.

- Logo mais à noite, entrarão por esta sala para acompanhar-nos na saudade..., mas não é disso que falo...

Samiel, entrando, parou rente ao casal. Imaginando que desejava falar-lhe, Zaqueu autorizou-o aproximar-se.

- Senhor, irei à entrada da cidade confirmar algo que me deixa apreensivo.

- Permitirei, se confessares do que se trata.

- Ainda não o sei.

- Deixa de curiosidade! O rapaz necessita ir; permite-o sem exigências –aconselhou a esposa em tom fraterno.

- Quando descobrires, prometes contar-me?

- Tão rápido como um falcão peregrino!

- Tens minha permissão. Porém, não te esqueças de cumprir a promessa!

- Certo, senhor.

O escravo seguiu rápido para a via de acesso a Jericó. Apossou-se de uma pedra que oferecia boa visão da estrada e sentou-se. Enquanto isso, o publicano não descansou um só instante. O trabalho fadigou-o, mas não lhe consumiu os pensamentos. O tempo e as mudanças ocorridas na cidade lhe atraíam os olhos, levando-o a imaginar cenas desconhecidas, mas familiares.

"Somente eu observo que Jericó não é a mesma? Há tantas mudanças: sol frio, nuvens baixas e densas, vento brando, sensação de paz, aroma agradável!"

Nesse instante, outra bafejada de vento entrou na sala reservada aos trabalhos do coletor. Dessa vez, mais frio, pouco familiar ao momento. Sentou-se. Fora forte a emoção; energias misturavam-se no íntimo. Um riso partiu da alma, sonoro, mas somente ouvido pelos próprios sentidos. Rompeu-se o elo das sensações da matéria sobre o espírito; recordou-se do sonho recorrente que o acompanhava desde o nascimento: pessoas sentadas sobre pedras ouvem um homem narrar histórias sobre a vinda do Senhor. Lágrimas correram sobre o rosto; despertou nele um novo ser, ante a nova era.

Na via, o escravo mantinha-se sentado e divagava:

– Por que tomei assento nesta pedra? Por que observo o vazio da estrada? Por que sinto ansiedade se nada aguardo? Por que a confiança de ser este um dia sem igual, de que não voltarei a tê-lo novamente?

Seduzido, olhou ao lado e avistou, sentado sobre a esteira, o cego Bartimeu, olhando na mesma direção. Samiel teve a impressão de que ele observava algo distante.

"Por que observa como se enxergasse? Não é cego?" – questionou-se.

– Bartimeu, sou eu, Samiel, escravo de Zaqueu. O que olhas com tanta curiosidade? Enxergas? Não és cego?

– Sim, amigo Samiel, ceguei-me. Agora, a luz vem da alma. Não vês, tu que tens a visão perfeita? O filho de Deus aproxima-se, ao longe.

As palavras gelaram de espanto o coração do escravo. Os sentidos vacilaram, segurou-se no sicômoro para firmar-se.

– Dizes avistar o quê?

– Não vejo com a visão da carne; emoções em mim revelam o que falo. Ganharei a luz da vida de volta! Carrego comigo um manto de ódio e dor. Hoje, diante da Verdade, quando ele passar por aqui, deixarei tudo para trás, principalmente o manto, e o seguirei por toda a eternidade. Desejo que ele me mostre a luz que ilumina o percurso até Deus. Se devolver-me somente a do corpo, continuarei cego para as divinas possibilidades, e isso eu não desejo.

– Tens fé que Jesus te guiará, mostrando-te oportunidades melhores, apontando-te outros sentidos para viver?

– Fará isso por mim, tanto que o espero todos os dias. Hoje é diferente, Jericó despertou para recebê-lo. Vê-lo-ei como o pressinto agora, com o espírito e as energias da vida eterna. Quando perdi a visão, aceitei o desafio, nunca me lastimei nem me revoltei. A verdade habita em nós, e a intuição diz-me que, para senti-la mais forte na consciência, é necessário obscurecer-se para o mundo, porque os atos mundanos cegam os da alma. Então, o Verdadeiro apagou a luz exterior e acendeu a lamparina das coisas sublimes que habitam em mim. Acalmei-me, e grande alegria preencheu-me ao saber que, um dia, por aceitar ser assim, viria a participar das escrituras sagradas.

– Falas com sabedoria. Tuas amarguras, suporta-as com resignação. És feliz quando te falta tudo. Para te alimentares, mendigas, e fazes isso com amor.

– Mendigar foi a maior oportunidade que a vida me concedeu para conhecer a mim e ao próximo. Somente com a mão estendida, compreendi o que vai no coração do outro. Não me entristeço ao suplicar ajuda, mas sinto-me angustiado ao ver punhos cerrados, olhos mergulhados na escuridão do ouro, corações encarcerados na ambição. Porém, convivi para aprender a amá-los como são, sem julgá-los ou menosprezá-los, nem mesmo em pensamento.

Naquele instante, outro vento forte soprou sobre a cidade, trazendo o aroma do mato campestre, contagiando o coração dos que previam a chegada do Mestre.

– Como sabes, sou escravo, mas também nunca me revoltei; cumpro minha tarefa. Meu lugar é aqui, ao lado de Zaqueu. Honra-me servi-lo.

– Amigo, a sabedoria está em servir à humanidade e auxiliá-la em seu crescimento dentro de nossas possibilidades. O posto de escravo torna-te forte. A simplicidade coloca-te em lugar de destaque, pois te sobressais entre aqueles que precisam manter-se em condição elevada diariamente, com atitudes desonestas. Tua fala serena enche de bálsamo transformador as almas endurecidas. Modificas, com simples atitudes, pensamentos mergulhados na vaidade. Desinteressadamente, habitas sob a luz de Jesus.

– Como vivo à luz de Jesus se o desconheço?

– Se não o conhecesses, não viverias como um dos discípulos dele, pois servi-lo requer tão somente agir na simplicidade. Para ter noção do amor de Jesus, basta pronunciar palavras amigas, praticar gestos meigos, olhar brandamente a vida. Atos que dão brechas à luz pertencem ao Pai, são d'Ele. Repeti-los, torna-nos Seus filhos, mesmo que não tenhamos consciência plena disso. Por isso, busca vê-Lo na luz da manhã, nas tardes solitárias, no brilho da lua, nas criaturas da Terra que respondem a nosso menor contato e, principalmente, no sorriso amigo do outro.

– Teu encontro com o Mestre será maravilhoso, pois despertaste para verdades que, para muitos, não passam de ilusão, nem sabem quando serão provocadas na mente, mesmo que haja contato direto com ele. Como sabes que teu encontro com o Messias se aproxima?

– Vês aquela multidão?

Samiel olhou atentamente a estrada e, bem perto dali, uma grande multidão se aproximava.

Bartimeu correu ao encontro de Jesus.

– Mestre! Mestre! Cura-me! – ele implorou.

– Acredita que posso fazer isso?

– Sim, Mestre!

Pegando um pouco de barro do solo, juntando a ele a própria saliva, Jesus misturou. Depois, depositou a mistura sobre os olhos do cego, que voltou a enxergar. A multidão espantou-se diante do feito, e a história se espalhou por Jericó.

Na casa de Zaqueu, ofegante, Samiel trazia a notícia.

– Jesus entrou na cidade. Curou o cego Bartimeu. É preciso que venhas – as palavras saíram rasgadas da garganta do escravo, expressando um misto de apreensão e de alegria.

O publicano levantou-se sem fazer uma única pergunta e ganhou a rua. Quando se aproximava da entrada de Jericó, sentido à Samaria, avistou a grande multidão que, em instantes, entrou na cidade, pondo o povo em alvoroço. Muitos sabiam daquele Homem, mas poucos conheciam o alcance e o valor de sua mensagem.

Samiel caminhava ao lado do publicano.

– Como o verei de perto, Samiel? A multidão é grande. Além disso, sou de baixa estatura. Tenta comprar um jumento para mim, de cima dele verei melhor.

– Vem, senhor! Deixa-me ajudar-te a subir nesse sicômoro.

Assim feito, o publicano viu com clareza o Homem que se destacava entre os demais. Percebeu que outros também tentavam se aproximar.

Atentou para a situação que ali se desenrolava e olhou o Mestre com simpatia e certa inocência. Admirou seu semblante meigo, cabelos longos, negros e ondulados, semelhantes às dunas, mechas sobre mechas. Seus olhos belos de imediato encantaram Zaqueu.

Quando a multidão passava rente ao sicômoro, Zaqueu desejou que o Messias olhasse para o alto, para vê-lo de perto e sentir a energia dele exalada.

– Zaqueu! – Jesus chamou-o. O tom sereno e a gravidade da onda sonora distenderam-se no espaço, fazendo-o estremecer.

"Como ele sabe meu nome? Quem o disse?" - Zaqueu refletiu.

- Tu me falaste - continuou o Messias, mantendo a mesma impressão - então, desce dessa árvore e vem. Hoje necessito descansar em tua casa!

Zaqueu desceu depressa, pôs-se à frente de Jesus e seguiu para o sítio. A princípio, pensou em levá-lo à casa da cidade, mas refletiu que ali não seria ideal para abrigar tantas pessoas. A casa de campo era mais ampla e fora reformada recentemente para o casamento dos filhos.

Quando chegaram, o Messias e seus seguidores acomodaram-se como puderam.

- O mais importante, Zaqueu, é que estamos debaixo do mesmo teto, sob os mesmos ideais e pensamentos, desfrutando momentos ímpares de conhecimento. Não te preocupes com nada. Tudo acontecerá conforme o planejado - o Mestre acalmou-o.

Zaqueu, pensativo, movia-se para acomodar os convidados, enquanto meditava:

"Mas, quem planejou?"

Então, lembrou-se do encontro ocorrido há pouco e concluiu que, de fato, nada acontece por acaso. Daí a instantes, sem que houvesse ordenado, viu Raquel e os escravos servindo os convidados. Na cozinha, comidas em abundância os alimentariam por semanas se fosse necessário. Logo após, surgiram os familiares. O publicano levou-os até o Messias e os apresentou: esposa, filhos, nora e genro.

Percebeu, com alegria, Samiel sempre próximo ao Mestre. Ao contrário dos demais escravos, ele não cuidava dos afazeres; preferia ouvir as palavras do Enviado.

A noite caiu, e a multidão deitou-se sobre esteiras, feno e grama. Ali havia mais de três mil homens, fora mulheres e crianças. Jesus levantou-se, e sua sombra esguia derramou-se sobre o chão. Os olhos dos presentes, fascinados, acompanhavam cada gesto dele, seus movimentos perfeitos. Do riso, expandia luz; dos olhos encantadores, emoções serenavam. Não era preciso falar dele; sentimentos de paz expandiam-se, revelando ser ele o amor encarnado na Terra. Proporcionava aos sentenciados mudanças d'alma, sem que eles percebessem de imediato; seriam assimiladas no futuro, durante o convívio com o próximo, principalmente com o adversário.

– Esta é a casa de Zaqueu. Muitos se perguntam: o que viemos fazer na casa de um chefe de publicanos, quando poderíamos nos hospedar na residência de outrem que não fosse um coletor de impostos? Mas vos digo que nenhum outro faria por nós, nesta cidade, o que ele tem feito. Foi o amor que o moveu, que o fez subir tão alto para, avistando-nos, colocar à nossa disposição os servos, a família, a própria vida. Nesta noite, celebramos o retorno do filho à casa paterna, e recordem-se: somente com muita perseverança alcançaremos o almejado.

Jesus aproximou-se do publicano que, sentado em um banco próximo, observava-o atentamente. Pondo a mão sobre seu ombro, Jesus olhou-o nos olhos – que mais pareciam lanternas em noite escura – e completou com ternura:

– Zaqueu, o Pai nos dá muitos talentos, entre eles o dom de prosperar os bens materiais. Mas tudo o que recebemos ser-nos-á cobrado; seremos questionados sobre sua multiplicação. Com os talentos que a ti foram confiados, aumentaste tua fortuna. Porém, necessário se faz que alinhes tua conduta e o que fazes de teu patrimônio aos propósitos divinos. Lembra-te: riqueza verdadeira é aquela que acumulamos no Céu – voltando-se à multidão, pronunciou: – Pois será como um homem que, viajando para outro país, chamou seus servos e entregou-lhes seu patrimônio: a um deu cinco talentos; a outro, deu dois, e a outro, um talento. Distribuiu-os de acordo com a capacidade de cada um e viajou urgentemente. Após sua partida, aquele que recebeu cinco talentos, trabalhou com ele e ganhou mais cinco. Também fez assim o que recebeu dois, ganhando mais dois. Contudo, o que recebeu um, cavou um buraco na terra e enterrou o talento. Voltando de viagem, o homem chamou os três servos para ajustar contas. O que havia recebido cinco talentos entregou-lhe dez, dizendo: "Olha! Confiaste-me cinco talentos, te devolvo dez!" O homem respondeu: "Foste competente e fiel, soubeste multiplicar os dons do Senhor. Vai! Entra na casa de meu Pai." O que recebeu dois talentos, também assim falou: "Olha! Confiaste-me dois talentos, te devolvo quatro!" E o homem respondeu: "ótimo, trabalhou excelentemente e foste fiel, mereces entrar na casa do Senhor." Aproximando-se o que tinha recebido um talento, narrou: "como sei que és um homem rude, preferi guardar o talento a mim confiado para devolvê-lo no teu regresso. Aqui está." E o homem lhe disse: "trabalhador preguiçoso. Ceifo onde não semeei e recolho onde não espalhei. Deverias ter dado o talento aos banqueiros, assim o receberia de volta com juros. Tira dele o talento e entrega àquele que possui dez. A todo aquele que tem será dado mais. E daquele que não tem, será tirado até o que tem. Lança este preguiçoso onde haverá choro e ranger de dentes."

Ao término, Jesus recolheu-se, e assim também fez a multidão. Somente o publicano permaneceu acordado, refletindo sobre os fatos, quando foi tocado por Samiel, que lhe disse:

– Observei a simplicidade na pregação da Boa Nova, os gestos delicados; como acompanha os movimentos das pessoas a sua volta, não perde de vista um só acontecimento, por instante algum, seja próximo ou distante de onde se encontra.

– Cada palavra pronunciada por ele vibra bem fundo em nós – completou o publicano. – Os ouvintes, tanto os distantes quanto os próximos, escutam-no com perfeição. Cada um o sente como pode, de acordo com suas crenças e com a facilidade de aceitação do novo. A vibração amorosa é percebida por todos na mesma intensidade, apesar das diferenças. Revela, assim, que somos nós que captamos as energias divinas e que devemos esforçar-nos para subir até elas. Ao circular entre a multidão, composta por mais de mil pessoas, atentando para não sentirem falta de nada, de qualquer ponto em que me encontrava, ele me observava. Quando alguém chorava, mesmo distante dele, encontrava consolo. Sua sombra produz luz... como pode? E dessa luz vem a cura das enfermidades. Não é preciso dirigir-lhe palavras para sentir as virtudes exalando dele, vindo a nosso encontro, transformando-nos. Escutamo-lo mais com a alma do que com os ouvidos da carne. Quando pensamos, antes que nos pronunciemos, ele nos responde; quando agimos, completa nossas ações.

Samiel distanciou-se para deixar o amigo descansar. Mas, acordado, Zaqueu observava as estrelas suspensas no firmamento como um colar de diamantes. Então, percebeu a silhueta de alguém em pé, em meio ao pátio dos fundos do sítio. Pela projeção da sombra na parede, oferecida pelo luar, viu ser o Messias. Em silêncio, permitiu aos olhos acompanharem as ações daquele Homem que agora lhe parecia tão familiar. Após instantes não muito longos, sem dar-se conta do exato momento, o desenho desapareceu.

O publicano levantou-se e caminhou até o local da visualização. Mas antes que ali chegasse, percebeu Jesus, deitado sobre uma esteira em sono profundo. Meditou sobre o fato e, ao retornar ao lugar de origem, a silhueta, agora projetada em outro ponto do pátio, tornou-se visível novamente.

Parou. Observou. Compreendeu que o Mestre poderia estar em todas as partes se assim o desejasse.

O sol despertou a multidão. Zaqueu, como os demais, foi até o poço e lavou o rosto sem necessidade de os escravos lhe trazerem cântaros com água. Em seguida, procurou o Messias. Não o encontrando, saiu do sítio e deparou-se com ele sentado sob imensa árvore, conversando com as crianças. Contava-lhes histórias, alegrava-as.

Após a refeição matutina, as sobras foram recolhidas e guardadas em cestos; os seguidores de Jesus as levariam. Os que possuíam cantil aproveitaram para enchê-los. Jesus anunciou a partida. Zaqueu aproximou-se para as despedidas.

– Não nos despediremos – falou o Mestre serenamente. – De agora em diante, faço morada em tua vida, e fazes de mim o teu abrigo. Não podemos apartar o que o Pai uniu.

– Mestre, obrigado pelos ensinamentos! Sabes que os guardarei para sempre, nem mesmo a morte os apagará em mim. Prometo que distribuirei parte do que possuo aos mais necessitados. Caso tenha tirado algo injustamente de alguém, devolvê-lo-ei quatro vezes mais. Se me for permitido, tornar-me-ei um dos Teus discípulos, o mais fiel.

Jesus abraçou-o, demonstrando a aceitação da proposta. Em seguida, falou a todos:

– Hoje entrou nesta casa a salvação, pois um dos filhos de Abraão encontrou o caminho que leva ao Reino do Pai. Feliz estou, pois vim resgatar as ovelhas perdidas da casa de Israel.

Assim dito, dirigiu-se à saída da cidade. A multidão o acompanhou.

TERCEIRA PARTE

Após o encontro com o Cristo

Capítulo 1

O PUBLICANO REFORMADO

COMO SEMPRE FAZIA TODAS as manhãs, Sarah sentou-se à varanda para costurar as roupas da família. A seu lado, fazendo-lhe companhia, uma menina tocava belas canções em uma flauta doce. Cabisbaixa, o pensamento distante, enquanto as mãos deslizavam habilmente com a agulha de osso sobre o tecido, sentiu a fragrância indescritível de alguém a quem ela amava muito. As lágrimas desceram-lhe pontilhando o tecido, desenhando figuras estranhas, mas que faziam parte de seu coração. Interrompendo a canção, a pequena musicista a interrogou:

– A melodia a deixa triste, senhora? Se desejares, paro de tocar.

– Não é a tua canção, mas meu coração que guarda tristeza indescritível. São lágrimas de saudades de alguém que há muito não vejo.

O aroma ficou mais forte, tornando impossível não chorar. Fechando os olhos e levando a mão à boca, Sarah tentou conter a emoção descontrolada. Foi quando os braços de Zaqueu a envolveram com carinho.

– Pai, como é bom tê-lo de volta – Sarah amparou-se nos braços dele, enquanto admirava a figura esguia de Samiel.

A mente do ex-publicano vacilou, e interrogações fizeram dele, naquele primeiro momento do retorno, um ser desconfiado que investiga primeiro para depois argumentar.

"Serei recebido como um hóspede que, de passagem, é acolhido por amigos para não adormecer nas calçadas? Ou como pai amoroso?"

Suas vestes, feitas com tecidos rústicos, diferiam daquelas confeccionadas pela filha. No íntimo, ela lamentou o estado de pobreza do pai que lhe ensinara a percorrer caminhos que só ao luxo correspondiam. Vendo-o daquele modo, questionou-se se realmente era ele, se estava em seu estado normal, se não estaria com problemas emocionais ou levando muito a sério a decisão tomada.

"Por que voltou? Por que vive essa nova experiência?" – Sarah perguntava-se.

Ao entrar na casa, o ex-publicano reviveu lembranças dos tempos idos: mesma sala, tapetes, jarros, plantas ornamentais. Olhou para cima e imaginou que, no quarto, tudo estaria igual. Lembrou-se de Raquel e, por instantes, viu diante dos olhos a imagem do casamento, dos filhos recém-nascidos, das brincadeiras junto ao pomar, das dúvidas sobre o futuro. Olhou ao lado e viu a porta do gabinete de trabalho fechada. Lembrou-se do homem que fora:

"Incrível! As energias que aqui deixei vêm a meu encontro, buscam-me. Se permitisse, voltaria ao passado e aprisionar-me-ia a ele. Porém, elas não acham lugar em mim. Rondam-me, mas não me seduzem o suficiente" – cansado, sentou-se em espaçosa cadeira.

Sarah acomodou-se, deitando-se no colo paterno.

– Pai, lembra-se de quando eu era criança? Deitava-me

em teu colo, como faço agora, e contavas-me histórias até que eu adormecesse.

Zaqueu meneou a cabeça, confirmando as lembranças da filha. Lembrava-se, pois de nada havia esquecido; levava consigo o velho contido no novo.

– Conta para mim tuas histórias recentes. Quero fazer parte de tua vida – ela suplicou.

Sem demora, o ex-coletor rompeu o silêncio, e palavras saíram da garganta para saciar a curiosidade da filha.

– Ao sair desta casa, ainda carregava a dúvida: agi corretamente? Mantinha a certeza de que, se não desse certo, voltaria. Seria somente questão de meses. Não imaginava que demoraria tanto tempo, nem que esta volta seria por poucos dias.

– Então, deixa-me saber o que fizeste, o que escolheste para tua nova vida. Faze de mim a tua confidente fiel, para sentir o amor do Cristo em tuas palavras.

– Após o encontro com Jesus, quando me aproximei da porta de nossa casa, senti minha vida transformada. Não sabia como agir ao certo e angustiei-me. Havia dois dentro de mim: um que suplicava ficar, que não demorasse o sentimento de amor louco por brotar; outro que implorava o abandono da vida passada, que modificasse os hábitos, o modo de pensar e agir, pondo as emoções em lugares distantes das de antes. Fechei-me no quarto íntimo e pus-me a meditar. Mesmo assim, não visualizava novas imagens. Então energias serenaram a alma, e as palavras e os gestos do Messias dominaram o homem que eu era, meus impulsos. Em pouco tempo, escutei a consciência direcionando-me.

– Foi quando decidiste dar liberdade aos escravos?

– Sim, o dever não era somente libertá-los do jugo de

minha tirania, mas livrá-los da miséria e da falta de oportunidade. Liberdade é tornar-se caminheiro com dignidade, sem faltar o mínimo necessário; é olhar sem baixar os olhos, por vergonha da condição social diante do outro.

Zaqueu continuou:

– Avancei nos pensamentos e proporcionei-lhes a liberdade para crescerem espiritualmente. Não me imploraram por liberdade. Antes que assim agissem, libertei-os. Ajudei-os, ofertando um pedaço de terra para plantios, a fim de adquirirem o próprio sustento juntamente com os familiares. Tirei muito do próximo, mas devolvi o que se multiplicará pela eternidade: liberdade, trabalho e honradez.

– Os que te criticavam, hoje te elogiam. Orgulho-me das tuas ações. Nada do que doaste nos fez falta; pelo contrário, em tua ausência, os bens multiplicaram-se. Ensinaste-me que, se erguemos algo de ruim com nossos pensamentos, atos e palavras, com a mesma energia gasta haveremos de construir o bem. É questão de escolha – Sarah argumentou.

– Haveria de agir dessa maneira, pois assim aprendi com Jesus. Busquei um meio termo com tua mãe. Não seria justo abandonar a mulher que sempre amei e que dedicou a própria existência a minha pessoa. Entretanto, grande foi a minha surpresa quando ela me pediu para eu seguir a jornada sem olhar para trás, pois se sabia amar-me na presença, saberia ainda mais na ausência; eu não deveria preocupar-me. "Nossa família foi unida por Deus, e nem mesmo a distância a separará! Que importância há em ter uma pessoa sempre ao lado, se ela pode alçar voos maiores e servir ao Cristo?" Essas palavras de Raquel convenceram minha alma. Não sabia que vivia ao lado de uma mulher com sentimentos tão nobres; convivia com um ser que era brandura e compreensão e eu não tinha percebido. Isso me fez perceber a cegueira que o brilho do ouro provocava em mim, os sentidos viviam entorpecidos a ponto de não sentir a maravilha que ela era. Diante dessa reação, ganhei forças para avançar em meus objetivos e segui adiante. Chamei Joaquim e pedi-lhe que fosse ao mercado negociar bens que garantissem a sobrevivência da família. Não era meu desejo que ele se tornasse publicano; poderia ser um comerciante bem-sucedido.

E Zaqueu complementou:

– Os bens que julgava não serem meus, doei aos servos, às viúvas, aos cegos, aos aleijados; não distribuí irresponsavelmente. Chamei-os e perguntei-lhes o que desejavam, em que gostariam de trabalhar ou o que poderia ser feito para aumentar-lhes a renda. Aos poucos, fui atendendo o desejo de cada um. Havia empenhado minha palavra para não somente devolver os bens materiais, mas multiplicá-los ao quádruplo. Certo dia, Samiel aproximou-se e disse-me: "É chegado o momento de partir". Assim fizemos, levando apenas a roupa do corpo.

Capítulo 2

O INÍCIO DE UMA NOVA JORNADA

– VAMOS PRIMEIRO PARA Jerusalém, para onde foi o Cristo – sugeriu Samiel.

– Contam vários dias que partiu, talvez não esteja mais por lá. Depois, quem nos garante que não tenha parado em outra cidade?

– Ora, Zaqueu, claro que está lá, pressinto!

– Agora viraste adivinho? Quem já viu alguém viajar seguindo somente a intuição? Tomas-me por tolo? Creio que haja partido. Segundo me contaram, quando nos visitaram na casa de campo, em Jericó, demorariam pouco tempo em Jerusalém, pois se aproximava o retorno dele à casa do Pai.

De súbito, Samiel parou e olhou assustado para Zaqueu que estranhou o assombro do amigo.

– O que foi? Por que esta expressão de horror na face? Vamos, conta-me! Falei algo que não deveria?

– Quem te contou sobre o retorno imediato do Messias à casa do Pai?

– Um dos discípulos afirmou várias vezes. Estranhei, pois eu sabia que ele nascera em Belém, sendo filho do carpinteiro José, casado com Maria. Ela andava com a multidão, dormiu inclusive no sítio, naquela mesma noite. Se o Pai dele não estava ali, onde estaria?

Zaqueu tinha as poucas informações de Jesus que absorvera nos últimos dias; não conhecia seus ensinamentos nem a maneira como se expressava.

– Espero que não seja verdade o que falas. Se realmente Jesus afirmou que retornaria à casa do Pai, talvez não o encontremos mais.

– Por que eu haveria de mentir?

– Isso significa que irá para o Reino de Deus.

– Mas se afirmou que o Reino de Deus não faz parte deste mundo...

– Exatamente! Não faz...

– Queres dizer que ele vai morrer?

– Não no sentido literal dessa palavra, uma vez que retornará em breve.

– Apressemo-nos ou não o reencontraremos.

– Se não o reencontrarmos, ele nos achará!

– Na dúvida, prefiro ir mais depressa. Arrependo-me de ter aceitado tua sugestão de seguir a pé. Demoraremos muito.

– Vamos a pé. Se for da vontade de Deus que o reencontremos, isso acontecerá!

Seguiram. Após percorrerem estradas sinuosas, entraram em Jerusalém. Zaqueu olhou as ruas, lojas, pessoas. Por onde passava, refletia como tudo aquilo nada mais representava para ele. A mente agora se voltava para outros objetivos; compreendera o ensinamento do amigo:

"Teu tesouro está onde pões teu coração."

Avançaram um pouco mais e notaram a agitação do mercado. Era Páscoa. Mais de um ano havia passado desde o dia em que estivera ali com a família para a festa suntuosa no palácio do prefeito. Naqueles dias, gastara com luxo e vaidades o suficiente para ajudar muitos necessitados. Já Samiel, mesmo sem posses, passara momentos junto a um pequeno córrego, lavando as feridas, trocando as ataduras e medicando os que tinham a pele coberta por lesões.

Lembrou-se do feiticeiro e sentiu vontade de rir. Depois, recordou-se do que ele dissera. Estático, diante dessa lembrança, falou:

– Samiel, lembra-te do dia em que visitei o feiticeiro, quando ele afirmou que eu encontraria um grande tesouro?

– Se lembro! Guardei cada palavra! Esperei muito pelo instante em que encontrarias o tal tesouro. Quando Jesus entrou em Jericó, compreendi ser aquele o momento no qual terias contato com a pérola mais valiosa. Para muitos, é necessário ver, enquanto, para outros, bastam palavras e sentimentos para crer.

– Era um feiticeiro... seria digno de adivinhar o futuro de outras pessoas? Essas práticas não são coisas do demônio?

– A cada um segundo suas obras, prega o Messias. Para Deus, nada é impossível. Precisamos compreender isso na prática. Veja: posso ter um dom. Se for divino, não devo comercializá-lo, pois é outro o ensinamento do Mestre: "Dê de graça o que de graça recebeste!" O feiticeiro talvez previsse o futuro, tanto que disse coisas que terminaram por acontecer. Porém, se deveria cobrar pelas revelações, isso é entre ele e Deus.

– É verdade que esse profeta evitou que uma mulher fosse apedrejada por adultério?

– Não só uma, várias. Todos os que desejam servir

ao Pai são amados pelo Mestre e, os que não se arrependem, ele aguarda nesta ou na outra vida para o momento de redenção.

– Terão direito à vida eterna, uma vez que não se arrependeram?

– Segundo o Messias, "todos verão a Deus" mais dia menos dia. Aqueles que se alistaram na primeira hora verão a Deus; os que se alistaram nas demais horas e, até mesmo os da última hora, terão a mesma oportunidade. Para o Pai, não importa por que te demoraste na decisão, mas, sim, que a tomaste.

– É muito consoladora essa mensagem.

– Concordo – alertou Samiel, – mas para o momento, vamos nos apressar em saber as últimas notícias. É Páscoa e a cidade está lotada. Provavelmente teremos de dormir na rua; não temos recursos suficientes para pagar um albergue, muito menos uma casa que nos hospede.

Inesperadamente, ouviram uma voz gritando por Zaqueu. Pararam, imaginando ser um amigo. Havia o risco de ser discriminado, devido a seu novo modo de vida. Mesmo assim, esperaram ser alcançados. Só quando chegou bem próximo, Isaac foi reconhecido.

– Zaqueu, para que tanta pressa? Estou há um bom tempo correndo atrás de ti!

– Pretendemos alcançar Cristo. Talvez ainda esteja por aqui.

Isaac não entendeu, mas deu sequência aos intuitos que o fizeram correr tanto ao encontro do amigo.

– Venha a minha casa. Promoverei uma festa à noite em honra de tua chegada! Que te parece?

– Muito convidativo. Mas, infelizmente não posso. Desculpa-me!

Somente agora Isaac observou os trajes do ex-publicano, a pele queimada pelo sol, os cabelos em desalinho e a barba por fazer.

– Fica hospedado em minha casa! Concordo que não há necessidade de promover uma festa, mas nossos filhos se uniram em matrimônio. Deves-me essa gentileza já que estás na cidade e fazemos parte da mesma família.

Zaqueu pensou:

"O que esse homem deseja de fato...? Será esconder-me para que outros não vejam que seu filho se casara com a filha de um louco? Pode ser, mas não o contestarei" – interrompeu os pensamentos e falou: – "Cederei ao convite com a condição de não haver comemorações e de nenhum animal ser morto para alimentar-nos."

Horas depois, na casa de Isaac, serviçais providenciavam dois quartos: um junto aos escravos e outro ao lado do senhor da casa, bem luxuoso. Em seguida, trouxeram roupas limpas e alinhadas para o ex-publicano. Ao escravo libertado, não ofertaram nada; informaram-no somente onde ficava o local de asseio dos servos e escravos.

Zaqueu compreendeu a atitude de Isaac. No entanto, não permaneceria na casa daquele modo. Abandonou o quarto esplendoroso, apanhou uma esteira próxima à porta – na qual os hóspedes depositavam os sapatos quando da entrada nos aposentos –, dirigiu-se ao quarto de Samiel, pediu licença e estirou a esteira ao lado do amigo. Não levou consigo as roupas que recebera de Isaac; permaneceu trajado como ali chegara.

– Nosso anfitrião não compreendeu minha nova condição. Insiste em tratar-me como se eu fosse o de antes. Talvez, com esse exemplo, ele visualize melhor a realidade.

– Compreenderá tão bem que não aceitará ou, pelo menos, te chamará a atenção para os exageros – Samiel falou imitando o anfitrião – "Onde já se viu! Um homem que há pouco tempo adentrou esses belos jardins, rodeados de tamareiras, ostentando luxo e riqueza, agora pretender dormir em um quarto fedido que pertence aos escravos?!" Crês que ele aceitará tudo isso calmamente?

– Da forma como desenhaste a cena, estou certo de que não aceitará. Tens razão, a mudança foi repentina! Aqueles que analisam a situação à vista somente dos dados atuais, com lapsos de informações, estranharão bastante. Mas os que sabem de meu encontro com o Mestre, certamente concluirão que despertei para uma realidade que já trazia em mim. Não posso fazer outra coisa senão segui-lo, é a ele que amo.

– Porém, compreende que cada um tem suas próprias crenças e essas podem ser bem diferentes das que professamos atualmente. Encontraremos pelo caminho mais corações magoados, tristes e endurecidos do que corações bondosos, mas será nos primeiros que semearemos o amor. Esperemos o retorno de Isaac.

– Não será melhor retirarmo-nos antes de sua volta? Assim, nós nos pouparemos de enfrentar o leão raivoso.

– E viverás fugindo de todos aqueles que discordarem de tuas opiniões? Tens a oportunidade de demonstrar que existem outras possibilidades na vida, além de apenas acumular bens materiais. Talvez, neste primeiro encontro, Isaac nutra muito ódio contra ti. Mas quem garante que não será tocado nos bons sentimentos? Decerto guardará a imagem de tua transformação. Um dia, quando precisar de referência para mudar o homem que é, encontrará nos refúgios da memória as tuas ações de hoje e talvez siga teu exemplo. Se assim acontecer, terás encaminhado um filho de volta à casa do Pai.

– Falas com sabedoria. Então, assim farei! Porém, em hipótese nenhuma retornarei àquele quarto, nada ali me atrai. No passado aceitaria, mas como falas, "o passado passou". É preciso olhar o presente com vistas a semear novo futuro.

O tempo passou depressa. Nem bem terminaram o banho, surgiu o anfitrião, acompanhado da esposa. Ao entrar, ordenou que Zaqueu fosse chamado no quarto de hóspedes. Um dos escravos informou-lhe o que aconteceu:

– Senhor, se me permites informar, teu amigo proibiu-nos de tratá-lo por publicano ou mesmo por ex-publicano. Estamos autorizados a chamá-lo de Zaqueu, que nenhum título seja atribuído antes do nome, ele o dispensa.

– Que assim seja! De certa forma, tem lógica. Ele renunciou ao cargo que tinha. Eu mesmo o aconselhei que o abandonasse. Deve ter-lhe acontecido algo medonho para mudar de ideia tão radicalmente.

– Segundo a pregação proferida por ele antes do banho – continuou o escravo –quando o ouvi por alguns instantes, o que mudou sua visão de mundo tão radicalmente foi o Cristo, chamado Jesus.

– Sim, agora me recordo! Tempos atrás, pediu-me que colhesse informações sobre esse profeta, vindo da Galileia. É o mesmo que foi preso ontem, andando com um bando de desordeiros que, provavelmente, planejavam tomar o poder do César.

– Também nos falou que pretende dormir no quarto de baixo, junto aos escravos e serviçais.

– Enlouqueceu? Onde já se viu dormir com os escravos? Acaso esqueceu-se de que nossos filhos se casaram? Que dirão nossos amigos quando souberem que o sogro do meu filho dorme com servos e escravos?

– Como nos deu direito de igualdade, questionei-o justamente sobre esse fato – continuou o escravo.

– O que ele respondeu?

– Disse-me que se quiserem recebê-lo, que o façam como o Cristo o ensinou, com humildade e brandura, servindo-o com amizade e carinho, não com luxo e vaidades desnecessárias.

– Intransigente! Não entendo mais nada. Estará louco? Peça-lhe que venha até aqui!

Momentos depois da saída do escravo, o ex-publicano entrou no imenso salão da residência. Ao vê-lo com as mesmas vestes de mais cedo, Isaac não conseguiu controlar o estranhamento, deixando transparecer o constrangimento na face.

– Bem, permaneces com as mesmas vestes...

– Não tenho motivo para trocá-las. Sinto-me bem vestido desta forma – arrematou o peregrino de Jericó, mantendo-se sereno.

– Lembrei-te, ainda hoje, que és uma pessoa da família. Como receberei meus amigos e familiares em minha casa tendo o sogro de meu filho vestido como um mendigo?

– Os mendigos são diferentes de nós?

– Iguais é que não são! – enfurecido, Isaac ergueu as mãos ao alto e esbravejou: – Pelos profetas! O que te aconteceu, homem? Enlouqueceste? Onde já se viu comparar-se a um mendigo?

– De minha parte, confesso que, às vezes, me pego meditando se não serei pior do que eles. Sim, pelos atos que pratiquei, que só serviram para acumular bens transitórios, imagino ser inferior a muitos que conseguem viver em paz com a própria consciência. Eu passo noites em claro, refletindo sobre a minha ambição desmedida.

– Zaqueu, algo te aflige. Por que essa mudança repentina? Não acumulaste o patrimônio honestamente? Não velaste pelos filhos e pela esposa em todos os momentos, na alegria e na dor? Por que te julgas tão severamente?

– Sim, confesso que fui um excelente marido; não me considero dos piores, muito menos que faltei com o dever de pai. Mas, se fiz pelos meus, nada fiz pelo próximo. Para ter muito, foi necessário que milhares tivessem pouco ou nada. Sejamos sinceros, nobre amigo, desde quando desejamos ter o muito e ao mesmo tempo ser honestos? Confesso que isso é quase impossível. Enriquece-se, geralmente, à custa do sofrimento do outro. Nos negócios, temos que triplicar o valor de tudo para acumular bens que serão depois transferidos a outras mãos. Nada material retemos eternamente, mas assim mesmo, os desejamos muito.

– Concordo! Às vezes, erramos, a situação nos obriga ou a oportunidade aparece; mas, em qualquer caso, o roubado não toma conhecimento do fato e, por isso, não se configura uma perda para ele. Um crime só é crime quando o ofendido toma conhecimento do fato e o denuncia, certo?

– Mas a primeira a tomar conhecimento do ocorrido é exatamente a que segue conosco aonde quer que vamos: a consciência. Como fugir de si mesmo? Como compreender assuntos de elevada condição moral se sou desonesto? Entende: sei quem sou e, sabendo quem sou, torno-me cúmplice de tudo o que ocorre em torno de mim, que teve a minha intervenção direta. Se pensas que fugirás de ti mesmo, ledo engano, jamais serás fugitivo de teus próprios pensamentos e atos.

– Observo-o extremamente preocupado com questões sentimentais, diria religiosas. Aconselho-te a deixar aos escribas e fariseus o direito e dever de cuidarem das nossas tradições sagradas.

– Cada um cuida de si ou pretendes que outros preparem para ti o caminho que tens a percorrer? Crês que temos somente essa vida, que a morte aniquila tudo? Enganas-te! Diante de nós, novos horizontes se abrem quando atravessamos as portas da morte, não duvides! Tudo o que aqui acumulamos será nosso tesouro. Por vezes, meditei se esse tesouro seriam joias, diamantes, denários, dracmas... Hoje, compreendo ser ele tudo o que carrego em mim e, geralmente, os baús não estão repletos somente de valores amoedados; muitos transportam dores, angústias, ambições, sem falar do orgulho, da vaidade e do egoísmo. De que serve essa casa, se teu próximo vive na miséria? Teu filho tem tudo o que deseja, mas os filhos de teus servos e escravos passam toda sorte de necessidades. Serena-te e verás no íntimo o vazio imenso. Pensas que o preenches com a aquisição de bens, mas, em verdade, são os bens que te aprisionam, e o excesso aumenta ainda mais a cratera que te devora.

Samiel aproximou-se para contemplar a energia que envolvia o reformado de Jericó, sua exaltação.

– Na calma encontramos a paz de consciência. Mas como encontrá-la em meio a tanta agitação? Como serenar a mente se essa somente se ocupa da devassidão, dos excessos de todo tipo? As escrituras sagradas trazem conforto inestimável e os profetas de nossa terra são muito importantes para conhecermos nossa história, mas o que colocamos em prática no dia a dia que aprendemos com essas leituras? Muito pouco, quase nada, eu o sei. Vivemos conforme orientam nossos antepassados? Estamos sendo honestos com nossa própria vida interior quando representamos nos salões para a sociedade ver a honorabilidade, a sensatez, a brandura, enquanto no lar ou nos lugares escondidos, longe dos olhos do povo agimos com brutalidade, desrespeitando filhos, esposas, outros parentes? Deixando funcionários morrerem na miséria, usando mão de obra escrava? É certo acordar tendo ao alcance da mão o muito que não necessitamos, enquanto outros vazam lágrimas de dor e fome? E se fôssemos testados como Elias foi, teríamos forças e poder para transformar a madeira submersa na água em fogo vivificante que ilumina e abranda o frio do isolamento social que atormenta a tantos? Amigo, vivemos em uma sociedade esquecida dos conteúdos morais sublimes, das necessidades enriquecedoras de sabedoria divina e dos símbolos que representam os costumes valiosos de nossos antepassados, que são a fé, o amor e as virtudes enaltecedoras da alma. Não são as obras de arte, nem as vestes finas, muito menos os transportes ou empresas que nos farão melhores. Mas, como conduzimos tudo isso em bem do próximo, a favor da Luz, da imensidade de caminhos que precisam ser percorridos com verdade, sinceridade e certezas divinas.

Samiel percebeu Zaqueu envolvido em tênue luz azul, que aos poucos se envolvia na claridade do dia.

– Não desejo ser rude, muito menos constrangê-lo – Zaqueu finalizou. – Vim a Jerusalém para encontrar o Messias; não houve intenção de incomodá-lo. Peço-te compreensão. Sou sabedor da dificuldade em separar as coisas, uma vez que minha filha se casou com teu filho. Não temos como fugir dos compromissos assumidos pelas convenções sociais. Porém, peço entendimento para o fato de que jamais deixarei de seguir minha trajetória espiritual, só para atender os caprichos da matéria.

Isaac o impediu de continuar.

– Não exigimos que sigas nosso modelo de vida, mas

não compreendo o porquê dessa mudança tão radical. Há poucos dias, no sítio em Jericó, não percebi alteração de comportamento em ti, e agora surges totalmente alucinado! Pelo meu filho, soube das tuas transformações, mas nunca imaginei que chegassem a tanto!

– Também não peço que vos espelheis em meu novo modo de vida, mas apenas que deis oportunidade a Jesus de fazer parte de vossas existências – pediu Zaqueu.

– A esse Cristo que foi preso ontem à noite como um salteador? Que nenhum respeito recebeu dos sacerdotes do templo e que, ao contrário, conduziram-no a Herodes? Segundo me contaram, levá-lo-ão ainda hoje a Pilatos, o prefeito da Judeia.

O relato despojado de Isaac espantou tanto Zaqueu quanto Samiel.

– Sei que não fui chamado para esse diálogo – interrompeu o escravo liberto – e muito menos tenho permissão para participar dele, contudo – dirigindo-se a Zaqueu – devo alertá-lo de que devemos nos apressar.

– Tens toda a liberdade para falar comigo quando e onde desejares. Entre nós, não há diferenças.

– Se entre vós não existem diferenças – interveio o anfitrião – entre mim e este homem – apontou para Samiel – há bastante. Não me rebaixo a conversar com escravos como se fossem gente igual a mim.

Diante dessas palavras, Zaqueu ergueu-se e ameaçou sair.

– Se saíres pelas ruas de Jerusalém com esse escravo, como se fossem grandes amigos, peço-te que não retornes nunca mais a esta casa. Caso encontres alguém em tua passagem, nega que me conheces. Dize que não te recordas que meu filho desposou tua filha – afirmou Isaac, enfurecido.

– Lamento tanto radicalismo, embora para mim não faça nenhuma diferença se me aceitam como sou agora ou não. Importante é o que Jesus fará de mim. Trocaria mil vezes tua riqueza e tua opulência pela singeleza do Mestre, como fiz com a minha. Obrigado pela hospitalidade. Retiro-me, uma vez que meu amigo Samiel exige minha partida e que devo ser obediente a ele e a todos os que me amam.

Em poucos instantes, eles seguiam em direção ao palácio de Herodes, onde Pilatos se instalara naqueles dias da Páscoa judaica, e, por pouco, não presenciaram a terrível cena em que o povo, embriagado pelo ódio e ensandecido pela discórdia promovida pelos fariseus, gritavam vivas a Barrabás e morte a Jesus. O Messias fora julgado. E, se condenado, certamente estaria seguindo ao Gólgota, já que aquele era o destino dos sentenciados à morte.

Capítulo 3

PERANTE O GÓLGOTA

ERA A NONA HORA do dia quando atingiram o cume do Gólgota. A cena terrificante entristecia. Ao pé da cruz, via-se Maria, a mãe de Jesus, amparada por João, o evangelista; Maria Salomé, mãe de Thiago e João, esposa de Zebedeu; Joana, esposa de Cusa, do administrador de Herodes Antipas, e Madalena.

Zaqueu procurou outros discípulos, amigos e familiares, mas não os encontrou.

– O que terá acontecido, Samiel? Vejo poucas pessoas que acompanhavam Jesus na caravana que esteve no sítio. Vasculhamos todos os cantos, desde o palácio de Pilatos até aqui. Observo o movimento da cidade, agitado. Até mesmo a natureza compactua com o estranhamento da situação.

– Pressinto de modo igual.

O corpo de Jesus foi retirado da cruz e José de Arimateia orientou quanto ao local do sepultamento. Os guardas atenderam a ordem. Em poucos instantes, a cena foi desfeita. Os corpos foram levados debaixo de chuva fina, com enormes relâmpagos e fortes trovões.

– Voltemos à cidade para descobrir o que aconteceu na tarde de hoje. Não nos deixarão seguir o cortejo junto ao corpo de Jesus. Isso será permitido somente à família dele.

– Receio não ser preciso, outros se aproximam.

Distante, dois centuriões caminhavam, gostosamente sorrindo. Ao alcançarem Zaqueu e Samiel, interrogaram-nos:

– Que fazeis ao pé dessa cruz, judeus malditos?

Sem abater-se com a agressividade do soldado, Zaqueu respondeu-lhe:

– Procurávamos um amigo.

O centurião que havia se aproximado por último, percebendo os traços nobres do interrogado, inferiu:

– Não existe mais nenhum morto a ser recolhido hoje.

– Quanto a essa trave – informou o outro centurião, que trazia no rosto as marcas da arrogância e da prepotência próprias de quem vive em meio às orgias romanas – nela morreu o Rei dos Judeus. Vós o conhecestes? Fariseus e imperadores mandaram-nos prender todos os que faziam parte do círculo de amizade desse Messias. Como vedes, somos centuriões romanos. A menos que não queirais seguir à prisão, aconselho-vos: parti de imediato!

– Lamentamos a escolha que fizeste, pois nem mesmo no pior momento da vida exerceria a função de carrasco, tendo que tirar a vida de um irmão – falou Zaqueu. O centurião quis avançar sobre ele, mas foi impedido pelo companheiro – informo-te, sem temor algum, que hoje a humanidade perdeu o maior Homem que veio à Terra, o filho de Deus, e nós perdemos um grande amigo e mestre. Perguntaste se o conhecíamos? Digo-te: muito mais do que conhecê-lo, nós o amamos. Daríamos a própria vida por ele. Sim, não estranhes! Caso houvesses me perguntado se trocaria de lugar com ele, responder-te-ia: seria grande a honra ser imolado em seu lugar!

Petrificados diante das palavras do ex-publicano, os centuriões decidiram partir.

– Vamos! Deixemos essa gente, são loucos – os centuriões disseram e, quanto mais se distanciavam, mais depressa andavam. Agora eles é que temiam o desconhecido.

O dia foi muito assustador tanto para os de muita fé quanto para os que desconheciam o amor.

Passado aquele final de tarde, Zaqueu e Samiel desceram o Monte Calvário em busca de mais informações. Era difícil encontrar alguém que se atrevesse a conversar sobre o assunto, principalmente porque soldados de Roma e do Templo Sagrado vigiavam as ruas. A crucificação de Jesus deixou a multidão confusa. Houve dias maravilhosos ao lado do Homem que ensinou a amar com gestos e palavras e que, agora, doou a própria vida para ensinar a resignação e o perdão.

Era praticamente impossível compreender por que pessoas que há bem pouco tempo se beneficiaram das maravilhas do Messias negaram-se a defendê-lo do jugo romano, esquecendo-se das benesses recebidas.

Por instantes, silenciaram.

Zaqueu agradeceu a Deus por não ter sido colocado à prova, como muitos foram naquele dia, e acrescentou ao amigo:

– Não penses que agiríamos de outro modo se estivéssemos aqui no momento do julgamento diante do prefeito Pilatos. Não sabemos se teríamos feito diferente daqueles que aqui estavam. Tranquiliza a imaginação para a serenidade responder-te! Em breve, seremos chamados ao testemunho e quem sabe alcançaremos a vitória.

– Falas com sabedoria. Realmente, o momento deve ter sido pavoroso. Quem sabe ao certo o que aconteceu durante o julgamento, que interesses humanos moveram cada acusador? E em que circunstâncias se encontravam os mais próximos a Jesus para se afugentarem como fizeram? É preciso ter cautela nos julgamentos e avaliar os fatos com mansidão.

– Se todos fossem presos e crucificados, quem restaria para semear a Boa Nova? Ele orientou-nos: "Vão e espalhem a semente em todas as nações!" Assim, como os discípulos executariam essa tarefa se fossem assassinados no dia de hoje?

— Impressiona-me tua perspicácia! De fato, a cada um, segundo as possibilidades que lhe convém. Quem disse que outro seria capaz de passar pelo que Jesus passou sem recuar na missão por medo da própria cruz?

— Felizes os que não passaram pela experiência amarga de ver pessoalmente a morte daquele que veio ensinar o amor!

Caminharam alguns passos e abrigaram-se em uma das cavernas próximas à cidade; somente no dia seguinte dariam continuidade à busca. Entraram tão apressados que não perceberam os que já habitavam o local.

Após ouvirem a música encantadora da chuva por alguns instantes, Samiel, observando que o fogo se apagaria, correu e apanhou uma grande laxa de lenha; apressou-se por jogá-la sobre as chamas que subiram alto, alcançando a parte superior da caverna. A claridade momentânea deu oportunidade a todos de se verem.

– Vede quem está aqui, amigos! Se não é o nosso querido anfitrião de Jericó – afirmou Simão com voz festiva.

– Sim, claro! Agora que o vejo melhor, reconheço-o.

Sem dúvida, trata-se do melhor anfitrião entre todos que tivemos — completou Tomé, concordando com as palavras de Pedro.

- Mas contai-nos: o que vos traz aqui? Viestes para a festa da Páscoa e, porventura, perdestes-vos nestas montanhas que cercam Jerusalém?

- Não. Viemos em busca do Messias...

A frase silenciou o ambiente, trazendo-os à realidade. Por segundos, haviam tentado esquecer o dia doloroso. A mente pedia um pouco de tranquilidade para produzir novos pensamentos e projetar, sobre o corpo, sentimentos positivos, como Jesus desejava que acontecesse.

- Há bem pouco tempo visitou o sítio em Jericó, e agora não o encontro entre os vivos - relatou Zaqueu com profundo pesar.

- Aguardamos a volta dele para que haja, entre nós, novos momentos de alegria e de aprendizagem. Cremos que acontecerá em breve - observou Bartolomeu.

- Ele mesmo nos garantiu: "Destruam o templo de meu corpo e eu o reerguerei em três dias". Devemos acreditar - falou Pedro com sabedoria.

- Não sabemos se vai acontecer. Foram muitas as parábolas, palavras, sermões. Tenhamos esperança! - Tomé acrescentou muito calmo.

- O que mais impressiona é a coincidência desse encontro - disse André, e voltando-se para o ex-publicano, perguntou: - Por acaso abandonaste tudo para seguir o Messias?

- Não como pensas. Devolvi os bens daqueles que foram lesados por mim: aos que persegui, dei o direito de seguirem livremente; aos que escravizei, não só supliquei pela liberdade deles, como lhes proporcionei a oportunidade de construírem nova vida com direitos iguais. Perdoei a todos os que prejudicaram a mim e a minha família. Para os descendentes, deixei os bens que ganhei com o suor de meu trabalho. Foi difícil fazer a partilha, mas a fiz da melhor maneira possível. Quanto aos servos contratados para a continuidade dos negócios da família, pedi a meu filho que pagasse o valor justo pelo trabalho, conforme os serviços feitos e os turnos trabalhados. Sigo o Cristo ao pé da letra.

Mateus foi o primeiro a falar, após Zaqueu finalizar.

– Ouvi falar de tuas mudanças e implorei a Deus para que fosse verdade. Desejo que eu, um ex-coletor de impostos, assim como foste, proceda do mesmo modo quando regressar para a Galileia, pois hoje não há outro lugar que me faça mais feliz do que a sombra do Mestre de Nazaré.

– Busco ser aquele que ampara o próximo com boas ações – continuou Zaqueu – sem reter nada para si, nem por um segundo sequer! Principalmente se for para prejudicar os mais simples, que precisam pagar com a própria miséria o luxo desmedido que as mentes doentias e alucinadas pela riqueza carregam em si. Quero ser forte o suficiente para seguir a jornada em paz, com Jesus. Espero caminhar ao lado dos amigos que procuram em mim o homem reformado, pois o do passado, no passado ficou. Aqui é outro!

– Que perseveres no objetivo e que façamos o mesmo – disse Pedro emocionado.

Dos olhos dos demais discípulos, lágrimas rolaram sobre os rostos cansados. Samiel, recostado à parede da caverna, contagiava-se com a energia do momento. Não cabia nele a felicidade de ver a transformação do amigo. Confessou:

– Nunca imaginei que chegaria a tanto!

– Não voltarei a cometer os erros do passado. O Cristo escolheu-me para ser seu discípulo e, se assim o fez, foi porque desejou minha saída pelo mundo para pregar a Boa Nova, restaurar os sentimentos, despertar novos modos de agir em mim, exercitar o dever de amar o próximo – finalizou Zaqueu.

– Se Jesus te escolheu, também te aceitamos entre nós como um discípulo. Quem teve a coragem de transformar-se como o fizeste, será capaz de vencer as dificuldades do mundo como um servo fiel de Deus – Pedro pronunciou essas palavras, aproximando-se do ex-publicano. Depois abraçou-o, finalizando o diálogo. Os demais repetiram o ato de Pedro e celebraram a vinda de Zaqueu ao mundo dos justos, daqueles que esperam em Deus a sabedoria e o amor para trilhar novos caminhos.

O fogo se apagou em meio ao silêncio da noite. Aos poucos, foram se recolhendo, adormeceram. Era madrugada, o silêncio intensificou-se, as corujas chirriavam nos galhos das árvores próximas, colaborando para um clima mais soturno. A chuva fina permitia a visibilidade das estrelas e da lua que, entre as nuvens, desenhava um halo gigante, anunciando mais tempestade para o dia seguinte.

Capítulo 4

OS PRIMEIROS CONTATOS COM A BOA NOVA

NADA IDENTIFICAVA A AUSÊNCIA de Jesus. Pelo contrário, havia a nítida impressão de que ele andava por ali, entre os rochedos e as árvores, sobre o mar. A presença espiritual dele era tão forte que muitos o viram circular em diversos lugares, desde os mais sombrios até as varandas e sacadas iluminadas dos casarios. Notícias de suas aparições borbulhavam em diferentes lugares, instigando os discípulos, orientando-os, mantendo-os vivos, ativos, fortes.

Após breve tempo em Jerusalém, em contato com muitos dos seguidores de Jesus, depois da morte de Estêvão, primeiro mártir do cristianismo, eles partiram. Era preciso caminhar, aprender, pregar.

Nos primeiros dias, nas cidades em que chegaram, o ex-publicano adotou um pseudônimo, temendo ser reconhecido por pessoas do passado. Como publicano que fora, poderia ser tomado por inimigo do povo; muitos não acreditariam em sua mudança e não o reconheceriam como discípulo do Cristo.

"Que importam os nomes, uma vez que o trabalho é que deve se sobressair entre as vaidades humanas?" – refletiu o convertido de Jericó.

Todavia, sempre que se aproximava do povo para iniciar a preleção, faltava-lhe tato, jeito de falar. O medo de ser rejeitado e, sobretudo, o desconhecimento do que realmente poderia acontecer assombravam-no. Pelas cidades em que passava, nunca conversava abertamente com as pessoas; seguia em frente sem se dar conta de que poderia permanecer um pouco com os viajantes do caminho que sofriam todos os tipos de miséria.

Tempos depois, Zaqueu e Samiel chegaram à pequena cidade de Cafarnaum, onde Jesus permanecera mais tempo. Essa foi a preferência deles; pretendiam dar sequência à vida pública no mesmo lugar em que ele se dedicara a ensinar e a exemplificar a Boa Nova.

Ao alcançarem o lago de Genesaré, deixaram o vento invadir as narinas, levando aos pulmões o ar necessário à vida. Felizes sentiam-se pela possibilidade de estar no mesmo lugar em que, um dia, viveram o Mestre e seus apóstolos. Sentaram-se nas pedras da margem, imaginando os dias dele.

– Teriam sido diferentes dos ares de hoje? – comentaram.

Visualizaram o povo que enchia o lugar. O Messias falando palavras simples que os orientavam no agir. Como seria a vida de cada um e como fariam diferente dessa vez, se se envolvessem no amor cristão! A dor e o sofrimento seriam apenas uma experiência necessária para alcançar a redenção. A felicidade que tanto almejavam seria conquistada a partir desta vida; em outra, no Reino de Deus, ela teria continuidade.

Pouco a pouco, Zaqueu e Samiel foram plasmando na memória o que realmente acontecera com o Messias quando ali esteve. Refizeram seus passos, conheceram seu modo de vida e compreenderam como os pensamentos dele modificaram o que existe de mais sublime no planeta: o espírito imortal criado por Deus que se movimentava na veste carnal. Por fim, reconheceram ter sido gratificante para eles os dias de caminhada de Jerusalém até aquela terra distante e valoroso o aprendizado.

Uma mulher aproximou-se e, sem ser notada de imediato, observou-os. O primeiro a percebê-la foi Zaqueu e questionou-se:

"Quem será a estranha criatura ali parada?"

Passados alguns instantes sem que ela se movesse, o ex-publicano levantou-se e interrogou-a:

– O que desejas? Em que posso ser útil?

– Passava, quando os observei em profunda concentração. Admirei o vosso comportamento.

– Espero que tenhamos despertado em ti bons pensamentos. Se pudermos ser úteis, diga-nos. Estamos de passagem por esta terra, não temos muito, mas o que possuímos dividiremos contigo, se desejares.

– Divide comigo o tempo que tendes. Ajuda-me em uma tarefa – falou e seguiu.

Acompanhando a mulher, chegaram a um lugar nos arredores de Cafarnaum. Com a presença dela, dezenas de enfermos saíram dos esconderijos e sentaram-se um pouco distante, nas pedras. O vento ainda brando deixou-os tranquilos.

A senhora sentou-se em pedra mais alta e adquiriu a mesma posição deles, fechou os olhos e buscou ver o que eles viam.

– Amigos, o que visualizais de olhos fechados? – questionou a senhora, induzindo-os à meditação.

– Vemos o Messias banhando-se nas águas nos dias quentes. Observávamos os pássaros, vinham até ele e juntos se maravilhavam no lago que guarda as bênçãos divinas, que não só lhe molhava o corpo, mas também lhe saciava a sede – Zaqueu aguçava a imaginação.

– Pois vejo – continuou a mulher – além das águas que o envolviam, o vento que soprava seus cabelos e o sol que abrasava sua pele. As nuvens, às vezes, sobrepunham-se ao sol, para que o calor não fosse escaldante, e as árvores aguardavam o momento em que ele se deitaria em suas sombras. Ele olhava os discípulos e pedia que deixassem vir os que sofriam; dar-lhes-ia do pão da vida, alimentando-lhes o corpo e a alma. Quando menos esperava, a praia estava repleta. Por todos os lados, pessoas chegavam clamando por bênçãos; mulheres que, por descuido, envolveram-se nos prazeres da carne, homens embriagados pela volúpia da matéria e outros cansados dos sofrimentos da vida, cegos, coxos, hansenianos e pessoas tidas por amaldiçoadas. Os moribundos encontravam nele o alento para as angústias. Agora mesmo, anos após o calvário, as energias edificantes de suas palavras e ações vibram, garantindo-nos que jamais partiu. Ao contrário, está mais presente do que antes, em toda parte, principalmente em nossos pensamentos, imagens, falas, atitudes. Penetra em nossos ouvidos, olhos, mente; em todo o planeta, em todas as pessoas, confirmando o que ele disse: "onde houver duas ou mais pessoas reunidas em meu nome, eu ali estarei."

A mulher fez uma breve pausa. Zaqueu olhou novamente para ela e falou:

– Madalena, por que te encontras aqui? – e seu olhar despertou na senhora diferentes lembranças.

Ouvindo o novo amigo, Madalena desatou os nós que prendiam o saco e iniciou a distribuição dos pães.

– Zaqueu! – disse ela – apanhe as ataduras que deixei ali. Juntamente com seu amigo, lave os ferimentos e troque as velhas pelas novas, atando com cuidado para não machucar os ferimentos.

– Observei as palavras doces que pronunciavas a respeito do Rabi e, quando assim o fez, senti que algo diferente em mim acontecia – Zaqueu contava ao longo do trabalho – imagens tuas e do Mestre caminhando por estes lugares foram projetadas. Observei que eras tu pelo modo de ser: meiga e carinhosa com os irmãos do caminho. Tudo isso veio a meus pensamentos como se fosse um espelho d'água refletindo tua vida. Não sei como se deu, só sei que decerto és Madalena, a discípula fiel, que teve a coragem de reformar as ideias e atitudes, que esteve junto a ele no momento da crucificação. Nunca, na Terra, se viu tamanha força e garra. Nunca alguém foi capaz de descer tão fundo e em uma só existência subir tão alto. Nunca alguém foi tão fiel a uma mensagem sem duvidar ou questionar-se, mantendo-se serena em todos os momentos, aceitando a dor com mansidão e suportando do outro todo tipo de desprezo, ódio e preconceito para servir a um ideal. Por essa firmeza de caráter, recebeu o merecimento de ser a divulgadora da ressurreição, a evangelizadora dos pobres e estropiados, a mãe dos cegos, hansenianos e loucos. A que nunca se cansa, a que sempre se banha de luz divina para inundar o próximo de amor, alegria e fraternidade.

Ao terminar, Zaqueu observou Madalena e Samiel com os olhos em lágrimas.

O sol desceu por trás das montanhas e, em curto espaço de tempo, a noite chegou. A mulher de Magdala desapareceu discretamente.

Os convertidos de Jericó adormeceram em uma gruta próxima às margens do lago. Ficaram nesse lugar mais de seis meses; durante o dia lecionavam em casas de doutores da lei ou administradores dos governantes. Samiel bebia ainda mais da sabedoria de Zaqueu. O grego fluía livremente da boca do ex-publicano. Os homens ricos pagavam bem, queriam ver os filhos falando fluentemente a língua dos filósofos.

Com todo o dinheiro recebido pelo trabalho, compravam pães, unguentos, óleos e ataduras e, junto com Madalena, curavam ou amenizavam as dores dos enfermos. Certo dia, alguém se aproximou.

– Quem és? – inquiriu Zaqueu. – O que desejas?

Em frente a ele, uma senhora, com os braços enfaixados, mirava-o intensamente.

– Não me reconheces? Eu me lembro de ti perfeitamente bem – a mulher disse, não escondendo a raiva que ainda trazia firmemente alicerçada no coração. – Sou uma pobre velha, buscando um pouco de consolo nas mãos daqueles que muito têm. Já fui rica, porém, hoje estou assim.

– Tenho culpa direta sobre teu atual estado? – inquiriu Zaqueu.

– Às vezes, quando imagino não ser culpado, engano-me. Não te lembras de mim, porque o ofensor nunca se recorda. Foste à minha residência várias vezes, quando eu tinha empregados, comércio e animais para o abate, na cidade de Jericó. Vivi momentos de glória. Nunca tive filhos, não tive tempo de tê-los. Todos me tratavam como rainha. Minha casa era enorme, a mobília veio de Jerusalém, as cortinas de seda do Egito e a tapeçaria da Pérsia.

Era muito o esforço que Zaqueu despendia para recordar-se da senhora, enquanto Samiel ouvia atentamente a narrativa.

– Nas oportunidades, eu e meu marido viajávamos, sempre em busca de aventuras. Certa vez, conhecemos Roma. Diverti-me bastante nas festas promovidas naquele paraíso. Bebemos e nos deliciamos com os melhores vinhos e a boa comida. Nunca pensamos na possibilidade de ser diferente. Críamos que, se trabalhássemos honestamente, teríamos direito de desfrutar de tudo o que a vida nos oferecia. Percorri as ruas largas da capital do império, vi César desfilando em sua carruagem de fogo, participei dos jogos promovidos nas arenas. Durante semanas, brincamos e dançamos; luxo e vaidade não faltaram.

Zaqueu procurou uma pedra e acomodou-se. Por mais que sinalizasse para a senhora também sentar-se, ela permanecia de pé.

– Em outra das nossas aventuras viemos até aqui, norte de Israel, à procura das belas casas de campo às margens do lago de Genesaré. Contratamos empregados e passamos meses em Tiberíades. Nem me lembro de quanto tempo foi. Conhecemos alguns homens que se diziam profetas, faziam mágicas, milagres, predições, mas não passavam de charlatões. Talvez até houvesse, entre aqueles, algum sincero. Mas, por não saber a diferença entre um e outro, fomos indiferentes a todos.

Agora, era o escravo liberto que vasculhava as lembranças do passado para reconhecer a senhora. No entanto, deveria estar muito diferente, pois não se recordou. Aportou-se atrás do amo na tentativa de obter melhor visão dos traços fisionômicos dela e da gesticulação.

– Quando retornamos da última viagem e chegamos a Jericó – continuou com voz cansada a mulher – informaram-nos que Roma havia designado novo publicano para a coletoria. Isso não nos preocupou, pois tínhamos nos acostumado a tirar a parte de César de tudo o que produzíamos. Somente com o tempo notamos que era diferente esse novo funcionário do prefeito. Era mais voraz e, como lobo pertinaz, levava nossas posses. Sem termos como nos defender em Jericó, buscamos ajuda no centro de comando romano, em Jerusalém, mas sequer fomos recebidos. De todas as portas em que batemos, fomos expulsos. Zaqueu! – continuou ela – meu marido morreu de desgosto ao ver o patrimônio que construiu ao longo da vida ser levado de modo espúrio. Falido, mendigou até a morte para nos alimentar, deixando para mim somente a casa de morada. Porém, quando aquele publicano soube que meu esposo se findou, procurou-me para informar que minha morada pertencia ao Estado, porque eu não tinha dinheiro para pagar os últimos impostos que o cônjuge devia. Como saber se era verdade, se realmente eu era devedora?

– É muito difícil saber. Às vezes, verdades e mentiras se misturam na vida de um homem que nem ele mesmo sabe quando é uma ou a outra – falou o publicano com voz sufocada.

– Então, expulsa de meu próprio lar, esmolei, supliquei ao próximo um pouco de comida. Como dói lembrar-me da fortuna e saber que nada tenho. A humilhação vem de ter sido roubada sem direito à defesa.

O homem de estatura baixa e de espírito perspicaz transfigurou-se de pavor. Na mente, nunca lhe passara a ideia de que alguém descesse àquele estado d'alma.

– Hoje, quando pensei em voltar a trabalhar e seguir sozinha com vivacidade, sem ser mendiga, a doença bateu-me à porta, envolvendo-me o corpo como amiga, indicando que renascerei. Eu, que era a flor de lótus que iluminava os salões de festa, agora não passo de podridão.

Samiel, com os olhos cheios d'água, auxiliou a dama.

– Cubra tuas feridas; insetos poderão pousar e prejudicar-te mais ainda – implorou o escravo liberto, recolhendo as ataduras para ajudá-la na tarefa.

– Os insetos são mais limpos do que eu! Mas não tenho remorso. Agradeço pela oportunidade que me deste de, nesta existência, resgatar os débitos do passado. Talvez, se não acontecesse assim, ainda estivesse entregue às vaidades do mundo, louca, vagando entre as taças de vinho que a vida oferece. Vim até Cafarnaum em busca do Messias, mas aqui ele não se encontra mais. Então, quedo para findar minhas esperanças em tranquilidade, ouvindo-o.

Passados alguns dias, Zaqueu observando a senhora, cuidando dela para que tivesse um pouco de paz íntima, lembrou-se de ter visto Pedro contar certa vez que, juntamente com João, ele subiu ao templo à hora da oração, a nona. E era trazido um homem que desde o ventre de sua mãe era coxo. Todos os dias, ele era conduzido à porta do templo chamada Formosa para pedir esmola aos que entravam. O coxo, vendo Pedro e João, chamou-os para pedir-lhes esmola. Pedro então lhe disse: olha para nós.

Durante a reflexão, encheu-se de amor o ex-publicano e aproximando-se da senhora, ainda coberta por chagas, abraçou-a ternamente e falou:

– Não tenho prata nem ouro; mas o que tenho te dou. Em nome de Jesus Cristo, o Nazareno, cura tuas feridas.

Havia sido essa a mesma resposta que Pedro e João deram ao aleijado na porta Formosa, em Jerusalém, tomando-o pela mão e fazendo-o andar em seguida.

Apenas dois dias depois, Madalena e Samiel observaram como as feridas da senhora haviam desaparecido; agora ela podia voltar ao convívio social na cidade.

– Não irei. Aqui é meu lugar. O mundo lá fora tem lobos violentos e nada tem a me oferecer que não tenha aprendido melhor junto a vocês.

Certo dia, antes de Zaqueu e Samiel seguirem em busca de Mateus, a senhora agradeceu ao antigo algoz, osculando suas mãos fraternalmente.

– Não há maior exemplo de transformação do que ver, nas florestas da vida, lobos transformarem-se em dóceis cordeiros. Gratidão, Zaqueu!

Capítulo 5

CONHECENDO AS PARÁBOLAS

AO DESPERTAREM, SEGUIRAM ATÉ a antiga casa de Pedro. No entorno, obtiveram informações de que o discípulo estava em Cesareia Marítima. Decidiram procurar trabalho. Não só ocupariam o tempo, como obteriam renda para sanar as principais necessidades.

– Encontraremos novo trabalho edificante aqui em Cafarnaum? Sinto-me ocioso. Como vamos nos alimentar? Nossas economias são escassas e pretendo viver conforme o Mestre nos orientou: voltado para a iluminação interior, mas sem esquecer-me da matéria que necessita ser saciada pelo menos com o mais necessário – argumentou o escravo liberto.

– Avaliei o assunto. Ao longo desses dias venho lecionando na casa de ricos comerciantes e administradores da cidade, pois muito sei das línguas – disse Zaqueu.

– Sim, tanto que muito aprendi, inclusive aperfeiçoei meu grego.

– Mas pretendo aprender novo ofício, pois me vejo preso aos salões da luxúria de antes. Só os ricos possuem recursos para pagar os serviços de educação dos filhos, o que nos exclui do convívio com os mais simples da sociedade.

– Concordo! Então, o que pretendes fazer?

– Aprenderei uma nova profissão. Como sempre estiveste atrelado aos trabalhos do dia a dia em minha casa, certamente para ti será mais fácil. Quanto a mim, que nunca me empenhei no aprendizado de outras atividades, sofrerei um pouco, mas vou superar.

– No atual momento, a situação pode ser uma prova para valorizarmos o que o futuro tem a nos oferecer. Certamente nos será indicada uma saída para a situação. Quando não reconhecias teus erros e te comprometias com atividades menos dignas, eras rico. Agora que reconheces tuas falhas e inicias teu processo de refazimento, também serás vitorioso, mas as alegrias serão outras. Tenhamos confiança, as dificuldades serão resolvidas no tempo certo!

– Juntos, pediremos trabalho no trigal, o que achas? No começo, ficaremos próximos e ensinar-me-ás as atividades, assim aprenderei mais rápido. Não precisas fazer o serviço por mim, apenas que me ensines.

– Sim, a meu lado, o aprendizado ocorrerá mais depressa.

Uma vez acertado, partiram em direção às plantações próximas. Intencionavam empregar-se na lavoura. Cultivar a terra era uma profissão fácil de aprender na opinião deles. Não visavam arrendar uma propriedade rural, mas servir ao agricultor em troca de salário. Necessitavam de garantias, enquanto aprendiam a pregar na seara do Cristo, com afinco e destreza. Era o início, e todo começo requer empenho.

Ao longo do dia, pelejaram por trabalho, mas foi ao entardecer que obtiveram bom resultado. Encontraram Mateus, o ex-coletor de impostos. Que alegria imensa! Difícil de ser descrita por nossos caravaneiros. Zaqueu sorria e contava as experiências ao lado de Madalena:

– Nunca vi serva mais talentosa – admirou-se – nem tão dedicada à cura dos enfermos. Isso me animou muito. Quem sabe eu também, pecador de Jericó, não cresça espiritualmente a ponto de exercer esse serviço com o mesmo desprendimento?

Mateus, observando que a alegria e o otimismo não fugiram dos semblantes dos dois, compadeceu-se da situação e convidou-os para dormirem em sua casa. Notou, pelo tom da voz e pelos rostos reluzentes, a sede deles por novas oportunidades e não vacilou em ajudá-los.

Cafarnaum vivia um período fértil. O inverno rigoroso garantia bom plantio e farta colheita. Para Mateus, a chegada dos amigos aconteceu na melhor hora. Com eles, teria ótimos tarefeiros nas duas plantações, a do trigo e a da Boa Nova.

– Minha casa é simples, mas sempre cabe mais um, mais dois, mais três... Amanhã, iremos para lavoura; cultivo trigo para a produção da farinha e pão. Quem sabe me ajudareis? O ganho é pouco. Entretanto, como me dissestes que necessitais de trabalho, a atividade vos ajudará até alcançardes algo melhor.

Mateus supôs que talvez Zaqueu não se familiarizasse com esse tipo de trabalho, faltavam-lhe forças. Somente os vigorosos desempenhavam tal função, devido ao sol intenso e à terra árida. O que garantia boa colheita era o lago de Genesaré, que proporcionava umidade ao solo.

Assim ficou combinado.

Quando chegaram, o discípulo apresentou-os à esposa e aos filhos; apanharam as esteiras e, após breve e simples jantar, estiraram-nas no terreiro para que, antes do sono reparador, dialogassem sobre a vida na Galileia e os passos do Messias.

Aos poucos, outras pessoas se aproximaram para acompanhar de perto as histórias narradas de maneira simples. Não havia exatamente uma pessoa controlando a narrativa, todos contribuíam com o que sabiam. Quando era bem tarde da noite, Madalena aproximou-se da roda. Em silêncio, absorveu o conteúdo das histórias ventiladas ao ar livre, bem próximo ao mar da Galileia. Em seguida, complementou:

– Depois que me distanciei de Magdala, em busca de conhecimento para acalmar minhas dores e de um pouco de alento e confiança para seguir a jornada evolutiva, tive a oportunidade de presenciar várias vezes o Mestre ensinando aos discípulos. Sentia que algo consumia meu corpo, a sede de amor era grande, e não cabia em mim a vontade de estar ao lado do próximo para fazer-lhe o bem. Naquela loucura, que não compreendia por que acontecia, trocava as emoções, sentia-me atordoada, sem nunca encontrar tranquilidade. Sem saber exatamente por qual motivo a insônia me perseguia todas as noites, procurava nos braços dos estranhos saciar o desejo de viver em amor. Até que um dia, abandonando tudo o que vivia, vim a esta cidade à procura do filho de Deus. Avistei-o pela primeira vez, ali, sentado. Tive a impressão de ser um homem simples e, certamente, nada teria a me oferecer. Ao aproximar-me um pouco mais e ouvir sua voz, modificaram-se em mim as emoções, como se seu amor transformasse minha alma. Já não era a mesma: as dores desapareceram, tornei-me mais calma. Dali em diante, não conseguia mais viver sem o brilho de seu olhar, sem o som de sua voz. Suas palavras eram um alívio que fortalecia o espírito; sua face iluminava o caminho. Perguntei-lhe por que me tratava com tanto respeito. Imaginava que talvez não soubesse de minha procedência. Ele respondeu-me em tom afetuoso: "Madalena, és filha de meu Pai, vives mergulhada no amor ao próximo. Nunca te negastes a servir aos outros nas oportunidades que tiveste. Como desejas que te recrimine, que te despreze, simplesmente porque erraste algumas vezes em tuas escolhas? Não posso me esquecer de que só fizeste dessa maneira porque era o melhor que sabias fazer. Como agora te encontras em poder de maior sabedoria, buscas mudar tua conduta. Eu seria imprudente se ainda detivesse o olhar em teu passado, quando me ofertas um presente repleto de bênçãos. Visualizo para ti um futuro tranquilo." Aquelas palavras consolaram-me; nunca havia escutado ensinamentos de tamanha profundidade. Tornei-me sua seguidora. Sei que muitos se afastaram de mim. Mas procuro, na imagem que guardei do bom amigo de Nazaré, o conforto para as horas mais tristes e, com alegria, me comprazo em ser sua serva. A vida já teria perdido o sentido se não fossem os encantos dele. O amanhã não se apresentaria tão confortador se não tivesse guardado em meu coração suas obras. Sei que há muito para ser feito em minha vida, mas certamente seguirei seus passos com determinação.

– Madalena – chamou Zaqueu em tom sereno – foste a mulher escolhida para anunciar a ressurreição. Conta-nos sobre esse encontro.

As pessoas presentes, de olhos parados na senhora que narrava as histórias como se revivesse cada momento, transformando sentimentos em palavras, atentaram mais ainda. Ela continuou:

– Quando cheguei ao sepulcro, senti que ali ele não estava. Busquei-o em muitos outros lugares e fui achá-lo em meu coração, em minha mente. Percebi que ele vivia em mim para eternizar-se em meus gestos. Eu já não era mais a mesma, sentia-me refeita, modificada nos sentimentos mais profundos. Entendi que ele renasce em nós todos os dias, a cada instante. Travei comigo a luta pela superação dos desejos mundanos; busquei o despertar de ideias sublimes no campo das batalhas da minha existência atual, que é a consciência, e trabalhei para manter viva a imagem dele, mesmo nos momentos em que julguei dele não precisar, por me encontrar satisfeita com os prazeres momentâneos da Terra. Somente assim o mantive no coração, carregando-o e projetando-o nos pensamentos e nas atitudes. Daquele momento em diante, percebi-o entre as árvores do jardim, próximo ao local em que fora sepultado. Foi fácil reconhecê-lo, pois se fez visível aos meus olhos, como fizera outras vezes em que me permitiu enxergá-lo. Tornou-se amigo, como nas vezes em que o deixei ocupar espaços em mim que outrora eram preenchidos pela dor. Assimilei sua presença quando me lembrei de suas doces palavras e deixei-o habitar minha consciência, recordando-me o valor da mente tranquila, em paz pelo dever cumprido corretamente. Serenei a alma e conversei com ele; poli os modos e entendi sua mensagem; eduquei minhas palavras e vivenciei a vida de alegria que buscava junto ao próximo. Assim o vi e assim o proclamei como o Cristo ressuscitado.

Ao reflexo da lua, os olhos dos ouvintes iluminavam a noite; a alegria era imensa. Nunca, nem por um instante, pensou Zaqueu em ouvir palavras tão esclarecedoras que lhe tocaram a alma, despertando-o mais ainda para ser um servo do Carpinteiro.

O ex-publicano refletiu:

"Como é bela a missão de servir-te em todos os campos

da vida, deixando para a carne o que é da carne, valorizando o que pertence à alma. Que oportunidade, Senhor! Ser servo na tua casa, querer ser pequeno na imensidão do Universo e ser o menor entre tantos que são enormes. Obrigado, ó Pai! Por tudo que me tens consagrado, pois somente Tu Te compadecerás das minhas tristezas e me ensinará o caminho da perfeição."

No dia seguinte, Mateus e os novos funcionários seguiram rumo à lavoura. Durante o tempo de trabalho, Zaqueu e Samiel imaginavam como aquele cotidiano tinha inspirado o Mestre a narrar suas parábolas e histórias.

– Amigo, que me dizes deste vento, deste aroma, daquelas nuvens, do trigo, do joio, das águas? – Zaqueu, já prevendo a resposta, instigou-o.

– Tudo isso serviu para compor os ensinamentos do Messias. Isso também facilitou armazenar o conhecimento recebido. Certa vez nos disse ele que o senhor da vinha saiu em turnos diferentes para convocar novos trabalhadores – explicava Mateus, enquanto colhia o trigo. – A uns, chamou nas primeiras horas do dia, a outros, na terceira, na sexta e na nona hora. Porém, quando foi remunerá-los, decidiu dar a cada um de acordo com o que o tornaria feliz, e pagou a todos igualmente. Os que chegaram nas primeiras horas do dia sentiram-se enganados, pois trabalharam mais e receberam o mesmo valor dos que chegaram ao final da atividade. Como cabia ao senhor da vinha fazer o que queria, pois o patrimônio lhe pertencia, ele achou por bem não ouvir tais inferências, não permitindo que a inveja mudasse seu modo de agir. Ensinava que o valor do trabalho não estava só na hora do chamamento, mas no que era feito dele, como era aceito e que importância era dada a ele. Muitos não trabalham – continuou o discípulo – por falta de oportunidade. Mas quando a encontra, realiza as atividades com muito afinco. Essa parábola pode ser comparada com o aprendizado da Boa Nova. Alguns, cedo recebem os ensinamentos de Jesus, na infância ou na juventude; outros, somente na idade adulta. Ainda há aqueles que só a compreenderão na velhice. Mas Jesus, o senhor da vinha chamada Boa Nova, não se interessará pelo tempo ou pelas idades, mas pelo que fizeram com os ensinamentos recebidos, se os transmitiram aos outros, se os praticaram e, principalmente, se transformaram seu Evangelho em boas ações para o próximo ou se o mantiveram somente escrito e lido, sem nenhuma atitude para o bem da humanidade.

Ao final do labor, seguiram para casa de Tâmara, senhora que há muito gemia sobre a cama. Somente encontrava consolo nas conversas com o discípulo.

– Que bom que vieram! – agradeceu a moribunda.

– É sempre motivo de alegria estudar, juntamente contigo, estes pergaminhos que estamos juntando no silêncio das nossas meditações – falou Mateus, agasalhando-se a uma cadeira próxima; Zaqueu e Samiel sentavam-se sobre troncos de árvores.

– Tâmara, existe uma história, narrada pelo Messias, muito interessante, que estamos incluindo nos relatos que deixaremos à posteridade – falou Mateus, dando início à narrativa: – Um homem possuía uma grande propriedade de terra e havia decidido plantar trigo. Pediu a seus trabalhadores que arassem e deixassem o local pronto para o plantio. Ao chegar o período propício, solicitou que dessem início à semeadura. Mas devemos entender que, quando decidimos plantar algo na vida, não podemos nos esquecer dos inimigos, que podem ser: os erros do passado, o egoísmo, o orgulho e muitos outros com os quais convivemos.

Ao semear o trigo, corremos o risco de semear também o joio, prejudicando a lavoura de nossa existência. Fazemos o bem, mas não deixamos totalmente de praticar o mal.

E continuou a parábola ditada pelo Cristo e que ainda se encontrava intacta em sua memória:

– Certo dia, quando a plantação já estava bem avançada, um vizinho observou que cresciam juntos o joio e o trigo. Então, pediu a permissão do senhor, dono da terra, para arrancar o joio, apartando assim o bem do mal. Mas se pudermos observar, dentro da terra, os dois têm suas raízes entrelaçadas e só podem ser arrancados no tempo certo. Assim somos nós: o bem que adquirimos não apaga de imediato o mal que carregamos. Só no tempo certo, quando amadurecemos em relação ao que nos aflige, é que podemos separar os dois.

Zaqueu compreendeu que deveria ter mais calma diante dos próprios defeitos, pois por mais que plantasse o bem, ainda haveria muito mal esperando o tempo certo para ser retirado. Este tempo chega com a maturidade.

Tâmara não obteve a cura física com as visitas de Mateus, mas sua alma transformou-se abundantemente. Aceitando o Cristo, tornando-se sua serva.

De outra vez, Zaqueu e Samiel, sentados em pequenos tamboretes, na cozinha da casa de Mateus, aguardavam o jantar. A esposa do discípulo, Sephora, contou o que havia entendido da Parábola do Fermento, quando Cristo a narrou pela primeira vez.

– Estava distraída, pois Mateus havia saído após deixar aqui, na cozinha, bem ali no canto, três sacos de farinha. A princípio, achei que era necessário pôr fermento, pois tudo na vida precisa do fermento da fé para florescer e ser forte para erguer as dificuldades a serem transportadas. Então, observei e concluí: estes três sacos que ora vejo, aos quais se referiu o Mestre, nada mais são que a simbologia de nosso ser, dividido em três partes: cabeça, simbolizando a razão e os pensamentos que refletem os conteúdos internos; coração, pulsando os sentimentos, e o baixo ventre, que simboliza os desejos, que tanto podem ser do estômago quanto do sexo. O Evangelho de Jesus, se compreendido e vivido corretamente, propõe o equilíbrio entre os três sacos; assim, ter uma vida em paz consigo, com o próximo e com Deus.

Zaqueu interrompeu, acrescentando uma parte:

- Mas também poderia ser: o corpo, o primeiro saco, por meio do qual temos contatos com a matéria neste mundo que ora vivemos; o espírito, o segundo saco, que representa o espírito criado por Deus, em busca da perfeição; o corpo espiritual, o terceiro saco, unindo o espírito à matéria, formando um elo. Parece que o Evangelho de Jesus também propõe a vida em harmonia com esses três sacos diferentes[1].

- Certamente, Zaqueu - Sephora concordou e prosseguiu: - Sendo os três sacos essas possibilidades, o Cristo chama nossa atenção para cuidarmos deles por igual, sempre fermentando, adubando, trabalhando para que cresçam fortes e resistentes a toda queda; para vencer as batalhas e alcançar o alto, rumo ao encontro com o divino.

Os dias passavam e, com eles, o conhecimento de Zaqueu e de Samiel crescia, assim como exemplificado na Parábola do Fermento. Quando passavam por uma construção, Mateus olhou-a e, apontando as rachaduras na parede, narrou:

1. Podemos deduzir que o evangelista fazia menção ao ser trino que somos, formados de espírito, perispírito e corpo físico, conforme lemos nas obras da codificação espírita. **(Nota do revisor)**

– Vejam Benjamim! Ele cometeu um grave erro: desejou construir uma torre, mas não a planejou. Deveria ter adquirido primeiro o material necessário para a construção, ter analisado o tempo que seria despendido, as possibilidades e os custos para, somente então, dar início à empreitada. Assim deve ser conosco, quando decidirmos construir ou transformar algo em nosso íntimo, em nossa vida, principalmente se for a torre que nos levará à perfeição. Atentemos para nos fortalecer no amor, na fé, na caridade, na benevolência... e, paralelamente a essas conquistas, dar início à construção. Se não for assim, acontece conosco igual ao que ocorreu com o Rei que tinha dez mil soldados e levantou-se para iniciar uma guerra contra o Rei inimigo que tinha 20 mil soldados. Sendo os 10 mil soldados nossas virtudes e os 20 mil, nossos sentimentos inferiores, concluímos que a batalha, em busca da transformação moral, deva acontecer em nossa consciência. Porém, nunca devemos nos esquecer de que, por mais que sejamos fortes e que estejamos cercados pelos soldados das nossas virtudes, sempre haveremos de encontrar dificuldades em nossa jornada evolutiva. Se a batalha for de 10 mil contra 20 mil, é melhor o menor aliar-se com o maior, em vez de ficar se culpando por ter mais defeitos do que virtudes. Que Rei que, tendo dez mil soldados do bem, não levanta a bandeira da paz diante do reino que possui vinte mil soldados do mal? Para não ser completamente destruído, não será melhor aceitar os próprios erros e buscar a ajuda das virtudes para encontrar a paz? Portanto, busquemos nos aliar a nossos inimigos, que são as próprias imperfeições que nos impedem de avançar, para vencer a guerra que travamos todos os dias em nós, porque somente assim o bem prevalecerá. Não dá para fugir do que somos.

Zaqueu entendeu que:

– Nessa guerra constante travada em meu íntimo, é urgente reconhecer os próprios erros e conviver com eles em paz e harmonia. Guerra e paz, amor e ódio, felicidade e tristeza... são opostos que se completam para alcançarmos a evolução. Não podemos seguir na luz negando a sombra.

Aquela convivência saudável modificou os sentimentos, os pensamentos e as ações do ex-publicano e do escravo liberto. Aprenderam conhecimentos que nunca pensaram existir.

– O que narras são as histórias de Jesus? – questionou Zaqueu.

– Sem dúvida. Ele esteve três anos conosco, e tudo quanto ouvíamos de seus lábios era digno de registro — afirmou Mateus. – Durante a pesca, nas tardes cálidas, ou nas manhãs junto aos montes... Nas jornadas mais longas, percorrendo as cidades da Galileia, anotava tudo quanto pudesse, especialmente as parábolas das quais se utilizava para ensinar os simples e humildes. Sem contar as curas que operava, pelo toque de suas mãos ou ante a autoridade do seu verbo. Depois, em particular, dava-nos mais ensinamentos, já que éramos seus discípulos. E costumava dizer: "A eles falo por parábolas, mas vós podeis entender mais do que eles..."

Os convertidos de Jericó aprenderam não somente a plantar e a colher, mas a ter paciência para, somente no tempo certo, executar as duas tarefas. Dos amigos, absorveram o máximo de ensinamentos.

Quando o dia amanhecia, muitos idosos, crianças e miseráveis vinham à porta de Mateus. Ele, com muita dedicação, distribuía um pouco de alimento para eles, sempre depois de lhes contar uma das histórias do Messias.

O aprendizado era constante, do amanhecer ao anoitecer e, até mesmo durante a noite, alguém chegava para dormir com eles. Não raras vezes, Mateus e os novos aprendizes do Evangelho cediam a própria esteira para outros descansarem.

Um dia, Mateus chamou-os e disse:

– Amigos! Senti-vos à vontade conosco em nossa casa e, realmente, é assim que desejamos que vos sintais, confortáveis. Mas, talvez por medo ou insegurança, estais adiando o que deveis fazer.

– Sim, também sinto – completou Zaqueu – pois estou mais forte. O tempo que aqui fiquei foi suficiente para compreender Jesus um pouco mais, suas parábolas, palavras e histórias. Temia sair pelo mundo pregando a Boa Nova. Agora que ouvi tuas narrações, sinto-me um leão forte, confiante e destemido.

– Também me sinto assim – acrescentou Samiel – ambos me ensinaram como devo trabalhar no bem, sem me esquecer da contribuição de Madalena. Muitos foram os dias nos quais ofertamos ao próximo o último pedaço de pão. Certificamo-nos de que o importante é o amor e um pouco de alimento material, porque a fome enfraquece.

Eles riram, e Mateus completou com observações acertadas.

– Estais preparados para a tarefa de peregrinos do Cristo, pois todo aquele que pega na charrua e serve na casa do Pai já é um discípulo amorável d'Ele. Também concordo que aqui ficou pequeno para tanta vontade de trabalhar. Cafarnaum teve o privilégio de ser o berço de Jesus, por ser o lugar em que mais tempo permaneceu. Assim, muitos conhecem suas parábolas. Porém, existem lugares distantes que precisam receber os ensinamentos do Mestre para seus habitantes reformarem os pensamentos e as atitudes. Não vos esqueçais de que, mesmo vos sentindo preparados, muitos de vós vos cansareis, sereis perseguidos e maltratados. Mas é necessário seguirdes sem medo a favor do Reino, fortes como o fiel soldado que não desiste nunca. Em Cesareia[2], Filipe necessita de ajuda e chama por vocês.

– Será um prazer atendê-lo. Precisaremos de todas as energias. O que nos aguarda nos é desconhecido, mas venceremos e trabalharemos com Jesus. Caso nos sintamos fracos, retornaremos aqui – falou Zaqueu, concentrando-se para completar o raciocínio, devido à emoção.

– Quando se sentirem fracos, busquem o Pai. Ele conhece as dificuldades de Seus filhos. Lembrai-vos, ninguém maior do que Ele – concluiu Mateus.

No dia seguinte, Sephora preparou um pouco de alimento e o colocou nos cestos, enquanto o esposo acertava com os dois amigos o pagamento do período trabalhado, acrescentando mais um pouco para ajudar nas despesas de viagem.

Entre lágrimas de satisfação e de reconhecimento, Zaqueu e Samiel partiram rumo ao litoral, desejando encontrar outros discípulos do Mestre muito amado.

---

2. É prudente não confundir o nome da cidade Cesareia de Filipe, filho de Herodes, o Grande, com o apóstolo Filipe.

Capítulo 6

EM CESAREIA

DEPOIS DE LONGA CAMINHADA, Zaqueu pediu a Samiel que procurasse pousada para relaxarem antes de seguir. A exaustão levava-o ao desfalecimento.

– Suporte um pouco mais, estamos próximos de Cesareia – suplicou o escravo liberto.

– Estou muito cansado. Deixemos para amanhã a boa oportunidade de atingir nossos objetivos.

Atendendo às súplicas do amigo, Samiel encontrou uma hospedaria. Um homem de aspecto grosseiro veio atendê-los. Em seguida, mostrou-lhes o interior do recinto.

– Preferimos algo mais simples – argumentou Samiel.

– É o que há no momento.

– Não temos o suficiente para pagar-te; as dependências são muito luxuosas. Compreendas nossa situação – explicou Samiel, enquanto entregava ao homem a pequena bolsa com alguns denários.

Após conferir a quantia entregue, o dono da hospedaria respondeu:

– Realmente é muito pouco. Mas posso arranjar acomodação para esta noite com direito a uma refeição. Amanhã, se precisardes comer, arranjai mais dinheiro.

Após depositar o valor no alforje, guiou-os ao celeiro dos animais, apontando um canto coberto por palhas. Então disse:

– Acomodai-vos ali, os animais são calmos. Depois, nenhum deles alcança aquele canto por ser bastante alto. Se precisardes de mim, estarei na hospedaria. Em breve, uma das servas servirá sopa e pão. Como falei, amanhã tereis de partir.

– Não te preocupes, partiremos bem cedo – agradeceu Samiel, enquanto se acomodava sobre a palha.

Após a saída do hospedeiro, Zaqueu olhou o entorno e ao alto. Foi quando observou um buraco enorme no teto do celeiro.

– Realmente, Samiel, temos sorte: um amplo quarto que nem mesmo na minha casa tive tão grande; companheiros das mais diversas raças, e a vantagem de que amanhã nenhum deles falará mal de nosso comportamento.

– Sem esquecer que nos acordarão com uma cantoria magnífica. Executarão as mais belas melodias.

– Dormiremos no colchão mais macio no qual já tivemos o prazer de descansar; nunca vi tanta palha somente para nós e, para encerrar as maravilhas deste palácio, observa o teto – sugeriu Zaqueu – vê que paisagem linda! O céu cheio de estrelas, tudo somente para nós. Depois dizem que não somos ricos!

Samiel olhou e concluiu:

– Somos milionários. Amanhã chegaremos a Cesareia. Por mim, teríamos nos esforçado para alcançá-la ainda hoje.

– Deixa de pressa. Até parece que o ex-publicano és tu!

Nem bem fechou a boca, a serviçal entrou no celeiro trazendo dois pratos de sopa e um pequeno cesto com pães.

Entregou-os e saiu apressada. A fome era tanta que os dois amigos devoraram o alimento em poucos instantes, quase se engasgando. Jogaram-se sobre a palha novamente e, antes de fecharem os olhos, o dono da hospedaria surgiu diante deles, urrando como uma fera.

– Qual dos dois é o publicano?

Os amigos de jornada se entreolharam e temeram pela atitude do homem. Zaqueu, diante da possibilidade de ver Samiel mentindo para evitar uma agressão desnecessária, disse:

– O passado de um homem não importa. Procura saber de tuas novas atitudes!

– Retirai-vos da minha pousada. Aqui não entram vândalos, nem que estejam disfarçados de discípulos do Cristo.

– Novamente imploro a compreensão. Seguimos o Cristo a que te referes. Se ontem fomos pecadores, agora desejamos reformar-nos – clamava Zaqueu por compaixão.

– Lamento! Exijo que vos retireis. Não quero saber quem sois, até porque só de pensar na possibilidade de ter dado guarida a um publicano, que rouba o dinheiro do povo para entregar aos romanos, tenho asco de mim mesmo. Sai! Não me obrigueis a ser violento.

Ganhando a rua, eles pararam em frente à hospedaria, e Samiel lembrou-se do dinheiro que pagara pela dormida.

– Poderias devolver-nos o dinheiro que te demos? Não usaremos mais teu estabelecimento.

Um som de porta batendo foi ouvido. A lua clareou o caminho solitário dos convertidos de Jericó.

– Eu sabia! A bondade foi demais para durar a noite inteira. Cheguei a pensar que vivia em um harém, rodeado por tudo de que um Rei precisa para ser feliz.

– Até sopa nos serviram. Uma delícia! Ainda bem que deu tempo de tomá-la!

– Voltamos à realidade – disse Zaqueu olhando para o céu e abrindo os braços. – Amigo, ele só tem aquela hospedaria, nós temos o mundo.

Seguiram direto para Cesareia; procuravam Pedro. Queriam experimentar as mesmas oportunidades que tiveram ao lado de Madalena e de Mateus em Cafarnaum. O dia já ia amanhecendo quando avistaram o Mar Mediterrâneo e a bela cidade.

Embora ainda fossem as primeiras horas do dia, crianças vieram ao encontro de Zaqueu e o alegraram com gritos e risos inocentes, trazendo de volta a imagem do Mestre. Como se Jesus o recepcionasse por meio daqueles seres pequeninos, que, com passos vacilantes, o abraçava e lhe beijava a face.

Zaqueu, sem demora, abaixou-se e nos braços ergueu uma delas. Em seguida, rodopiou. Os risos aumentaram, transformando o silêncio da praia em festa.

– Que encanto! De onde surgiram criaturas tão lindas? Fascinam-nos com facilidade – afirmou Zaqueu, sendo abraçado por outra criança que, olhando nos olhos dele, respondeu:

– Viemos dali – e o menino apontou para os pequenos casebres que podiam ser vistos ao longe.

Decerto Zaqueu e Samiel ainda não se encontravam no centro urbano de Cesareia, mas no entorno, onde pequenos grupos de pessoas viviam aglomerados em aldeias. Possuíam poucos recursos e não faziam parte da realeza, muito menos do clero de Israel ou de Roma. Por isso, residiam distante dos locais reservados à monarquia.

Os meninos correram em direção a um homem que se aproximava e, abraçando-o, imploraram que viesse até a praia para apresentá-lo a seus novos amigos. Atendendo ao pedido dos pequeninos, o homem foi até Zaqueu e Samiel.

– Divertir-se com os pequeninos é sempre gratificante, pois são assim, alegres e cativantes! Com o tempo, vão perdendo essa energia contagiante. Por isso, devemos aproveitá-la enquanto as temos!

– O tempo revela em nosso rosto a verdade que habita nossa alma – redarguiu Zaqueu, que sorriu ao ver o homem rodeado por crianças – gostas dos pequeninos... deves ser feliz! Nada mais belo do que essas pequenas flores enfeitando o jardim de nossa existência!

– Sem dúvida! Mas o que vos traz a Cesareia? Pelo visto, terminastes de chegar. Vindes da estrada que traz do sul. Pela aparência, andastes bastante, talvez a noite inteira. Deveis ter algo muito importante a fazer nesta cidade.

– Sim, procuramos determinado homem. Encontrá-lo será como encontrar um tesouro – Zaqueu explicou.

– Certa vez, deparei-me com um que tinha tais características – o anfitrião mudou de expressão. – Mas se eu puder servir-vos, disponde! Talvez eu conheça a quem procurais, habito aqui há algum tempo.

– Chama-se Pedro, vindo da Judeia. Se não me engano, trabalha semeando a Boa Nova entre os homens. Essa informação, em particular, fará com que te recordes dele, caso o conheças realmente – Zaqueu descrevia com clareza.

– Sim, é uma informação importante. Talvez os que moram comigo saibam algo mais. Eu refletirei sobre tuas colocações e, quem sabe, elas não me farão recordá-lo?

– Não temos morada na cidade, muito menos dinheiro para alugar uma casa ou pagar hospedagem. Acamparemos na praia. Quando houver alguma notícia, procura-nos nas redondezas. Não será difícil nos encontrar.

– O que desejam desse Pedro?

– Ouvi-lo! Entender suas narrativas. Cremos que ele as tem bastante. Conviveu com o Messias. Foi por isso que viemos até aqui, para aprendermos sobre o bem, o amor ao próximo e o respeito à vida.

– Encanto-me com vossas palavras! Aceitais pernoitar em minha casa? É uma morada simples, mas sempre cabe mais um ou dois tarefeiros do bem, nem que para isso tenhamos de espalhar esteiras embaixo das árvores. Caso aceiteis, ficarei muito honrado.

Em poucos instantes, agradeciam pelo desjejum e, num mais curto espaço de tempo, estendiam as esteiras na varanda lateral da casa. O cansaço dominava-os. Contavam duas noites sem dormir.

O dia passou sem deixar registro. Os amigos dormiam profundamente; somente ao anoitecer, despertaram. Ao ver a noite caindo, Samiel indagou:

– Dormimos tanto assim?

– Sim. Talvez tenhamos incomodado os senhores da casa – Zaqueu afirmou meio sonolento.

– De modo algum – falou Samea, oferecendo-lhes mais alimentos – para nós, foi grande alegria receber o ex-publicano e seu amigo em nosso lar. Sabe que admiramos muito tua coragem de abandonar tudo para servir a Jesus. Os verdadeiros discípulos não medem esforços; praticam o que foi determinado com insistência, depois calculam erros e acertos. Tenho aprendido com Pedro que o amor é um sentimento que não deve ser negado, principalmente se o temos em abundância. Quando o doamos, ele cresce mais e mais em nós e torna-nos filhos de Deus. Há outro fato que não devemos esquecer: o amor não pode ser exercitado com regras e normas. Nas oportunidades que surgem, devemos pô-lo em ação incondicionalmente. De que serve pregá-lo, se não o praticamos?

– Então, conhece-nos? – interrogou Zaqueu, investigativo.

– Sim, claro! Estava com Jesus quando ele visitou teu sítio em Jericó. Como poderia esquecer-te? Foste um dos nossos melhores anfitriões. Daí a alguns dias, o Mestre partiu, então passei a seguir a família de Pedro – contou Samea.

– Sabes onde poderemos encontrar Pedro? Falar com ele é muito importante para nós. Como publicano, não houve tempo para ouvir as mensagens de Jesus, porque eu estava acumulando tesouros na Terra. Depois que ele passou por meu sítio, despertei o interesse pela Boa Nova e minha fé cresceu. Não sei se me entendes.

– Sim, entendo perfeitamente. Existem pessoas que se transformam completamente quando o Mestre atravessa suas vidas, enquanto outras continuam indiferentes. Cada uma tem o momento certo de despertar. Aconteceu comigo do mesmo modo. Bastou vê-lo para entender que se tratava do filho de Deus. Certo dia, olhou-me nos olhos, pousou a mão sobre a minha cabeça e disse-me palavras simples, mas belas, de valor sublime. Daí em diante, nunca mais fui a mesma. Só encontro paz se for ao lado da paz que ele proporciona; só encontro amor se for ao lado do amor que ele desperta.

– Leva-nos até Pedro; precisamos encontrá-lo!

– Mas ninguém vai ao encontro de Pedro. Ele é quem sempre nos descobre, e não foi diferente convosco. Hoje, bem cedo, ainda deitado, justamente no mesmo lugar em que vos encontrais agora, levantou-se, pegou um manto que repousava sobre a mesa, jogou-o na cabeça e partiu. Quando saía, perguntei aonde ia tão cedo da manhã. Ele respondeu-me com um sorriso entre os lábios: "Irei à praia apanhar Zaqueu e Samiel, pois pedi a Mateus para enviá-los até mim". Logo depois, retornou trazendo-vos. Conosco também vive Filipe com sua família, um dos dozes discípulos de Jesus, em breve partirá para Etiópia. Terás oportunidade de reencontrá-los mais tarde.

Zaqueu muito contente aproveitou para tirar uma dúvida.

– Conheci Pedro na casa de campo, em Jericó, na noite do banquete que ofereci a Jesus. Depois, revi-o em Jerusalém e até trabalhamos juntos por breve tempo na Casa do Caminho. Agora me dizes que aquele que foi nos encontrar na praia é o mesmo, mas como? Pois o vi pela manhã bem mais jovem, tanto que não o reconheci.

– Talvez o tenha visto com os olhos da alma ou, quem sabe, foi o espírito dele que foi buscá-los enquanto o corpo de carne saía para a pescaria.

Capítulo 7

O SONHO

LOGO A NOITE CAIU. Os habitantes da aldeia dormiam, e Pedro chegou em espírito. Avançou sobre os sonhos de Zaqueu, levando-o a esferas em níveis superiores, fazendo-o vibrar diferente das energias terrestres. Depois, pediu que o amigo se entregasse sem medo a Jesus.

– Ao despertar – Pedro explicava para Zaqueu – sentirás intensa calma. Assim compreenderá a vida com mais amor e penetrará mais facilmente no interior de teu próximo para de lá retirar o ser cansado e triste que se encontra prestes a render-se ao fracasso. Com mais atenção, observarás o que se passa na mente e no coração dos que te rodeiam e, eficazmente, os ajudarás. No futuro, doarás mais amor e receberás mais amor, pois as dúvidas, a solidão e as agressões serão trabalhadas em teu pensamento, para que as vejas como oportunidades de crescimento.

Enquanto o corpo espiritual de Zaqueu recebia as boas energias das projeções emitidas por Pedro, a mente sublimava-se. Percebeu os cristais mentais dos vícios do passado, quebrando-se. No lugar, outras construções começaram a erguer-se, e uma paz íntima completou-o. Os sentidos se abriram para a nova realidade. A alma, agora mais próxima do Criador e em harmonia com Ele, alinhou a vontade ao dever.

Quando a luz se desfez, os dois foram atraídos de volta à praia de Cesareia pela força do pensamento e dos compromissos assumidos anteriormente. Contemplaram a beleza da noite: o Céu e seus luminares, a brisa suave, as ondas que batiam na areia e de volta perdiam-se no horizonte. Somente a noite era testemunha.

Abraçaram-se. Não imaginaram que aconteceria daquela maneira. Ficaram ali, por muito tempo, voltando a si somente quando o sol ameaçou nascer. Caminharam até a pequena casa onde todos dormiam. Retornaram a seus corpos para, em seguida, ganharem as sensações da matéria. Despertaram junto com os demais.

Samiel percebeu algo diferente em Zaqueu: o riso alegre, o rosto vermelho e as certezas no olhar.

– Dormiste bem, caro amigo – sorriu Samiel – trazes energias diferentes. Diz-me o motivo de tanta felicidade!

– Estava na praia com Pedro, olhávamos o mar.

– Tiveste a oportunidade de reencontrar o apóstolo do Cristo e não me chamaste?

– Também não sei como parei ali. Recordo-me de ter percorrido um grande espaço. Depois, aproximei-me da praia, e após breve meditação, viemos parar aqui. Então, despertei.

Samea, tal como no dia anterior, aproximou-se com cestos de comida para o desjejum. Zaqueu aproveitou para propor-lhe:

– Amiga, passamos quase três anos em Cafarnaum, junto de Mateus. Não só aprendemos um pouco do Evangelho de Jesus como nos tornamos excelentes lavradores. Caso tenham boa terra, podemos plantar. O trigo é de grande serventia e nos ajudará maravilhosamente.

– Destaca um bom pedaço de terra para essa atividade – completou Samiel muito empolgado.

– A oportunidade é boa, mas essa decisão cabe a Pedro. Façamos o seguinte: hoje ajudareis no cuidado com as crianças; à noite, dirigi-vos à praia para retirar os peixes dos barcos e vendê-los no mercado.

– Muito bem! Nos próximos dias, aprenderemos com Filipe e Pedro a pescar muitos peixes – festejou Zaqueu.

– Depois, aprenderão a pescar homens e mulheres para a vinha do Senhor. Que pensam? – completou Samea.

Riram.

Enquanto auxiliavam a gentil amiga na troca das roupas das crianças, Samiel teve a ideia de ensinar-lhes um pouco de sua cultura. Pegou alguns gravetos e, rabiscando o chão, deu início ao ensino do alfabeto grego com o que, posteriormente, formariam as palavras.

A descoberta impressionou-os. Até mesmo Samea, que não conhecia as letras, ficou curiosa e quis saber mais. Enquanto isso, Zaqueu distanciava-se em sentido à praia para aguardar o retorno dos pescadores.

Quando era quase noite, as embarcações atracaram na praia. Pedro e Filipe desceram, acompanhados por outros homens. Sem esperar ser solicitado, o ex-publicano aproximou-se e ajudou no atracamento dos barcos e na retirada dos peixes. Pediu que lhe ensinassem a auxiliar nas tarefas, para contribuir melhor nos dias seguintes.

O olhar atento de Pedro se fixou naquele homem que conhecera pouco tempo atrás, em um sítio belíssimo, com tapeçarias orientais espalhadas por todos os cômodos e uma enorme quantidade de escravos, e que tinha oferecido um banquete regado com os mais ricos alimentos. Agora estava ali, arrastando redes, ajudando a lavá-las para serem guardadas e tratando os peixes para que não apodrecessem.

"Como o Cristo transforma os seres!" – o pensamento veio à mente do discípulo.

– Não me sinto totalmente transformado, Pedro – falou Zaqueu, demonstrando a sintonia que havia entre eles. Apenas reconheço que necessito trabalhar para minha mudança. O que vês é um homem à procura de compreender o amor e, para isso, não mede esforços. Gostaria de ser como tu, conformado com a vida, compreendendo que está tudo certo! Mas carrego em mim a culpa. Desejo todos os dias que Deus me proporcione muitas provações para vencê-las e avançar mais depressa. Como vês, continuo um privilegiado, dormi um dia com uma noite inteirinha, enquanto trabalhavas.

– Estavas cansado! Também não é correto que exijas muito de teu corpo. Lembra-te de que ele é templo de teu espírito e de que precisas dele para a continuidade da vida na carne. No tempo certo, Deus mostrará o caminho e como deverás agir. Por enquanto, faze exatamente assim: vivas conforme tuas possibilidades e te coloques sempre à disposição para o trabalho. Aos poucos, vão despertando em ti novos modos de pensar e de agir. Quando menos esperares, serás outro; talvez nem percebas como isto se deu.

– Agradeço por tuas palavras. Assim seja! – disse Zaqueu, feliz com a possibilidade de realmente seguir o caminho certo, ser perseverante no trabalhar.

– Logo mais, à noite, vem comigo para uma visita à aldeia vizinha à nossa. Vamos ver o que poderemos fazer por nosso próximo. Filipe também nos acompanhará.

O riso foi a resposta, enquanto retiravam os peixes do barco e os levavam para serem limpos. No dia seguinte, venderiam parte no mercado, e a outra iria para o sustento das famílias.

Capítulo 8

A ALDEIA

DISTANCIANDO-SE DA PRAIA, ZAQUEU, acompanhado de Filipe e de Pedro, entrou na mata. Seguiu a trilha que levava à aldeia que dependia diretamente de Cesareia. Diante de pequeno alpendre, tendo sobre ele mudas de ervas medicinais, o grupo parou. Antes de anunciar a chegada, Pedro esclareceu:

– As pessoas que habitam aqui têm a pele enferma. A doença começou pelos mais jovens, depois foi alastrando-se até alcançar os mais velhos. Observai que todas as casas estão fechadas. Aqui, em cada família, há membros nessa situação. Iniciaremos o trabalho com muita cautela. Nossa presença saudável poderá humilhá-los, portanto, ajamos serenamente. Não narraremos histórias impossíveis de serem vividas no dia a dia, pois isso apenas evidenciaria a debilidade na qual se encontram. Despertemos imagens e situações das quais eles possam participar, principalmente aquelas que trazem o Reino de Deus como referência, porque mesmo sabendo que a hora da passagem para a outra vida está próxima, não aceitam a atual situação.

Pedro bateu palmas, despertando todos, que abriram as portas. Em seguida, formaram um círculo no terreiro e deram início às pregações. Antes, os discípulos serviram os alimentos que trouxeram nos cestos. Os peixes frescos, ali deixados, dariam para alimentá-los alguns dias. Pedro tomou a palavra:

- Irmãos! Cristo ensinou-nos que a vida recomeça todos os dias e avança para o amanhã, crescendo em direção ao próximo, revelando quem somos na convivência com o outro. Acalmou as dores do mundo, penetrou a alma do homem, fazendo dele um ser em busca do despertar. Mas, às vezes, perdemo-nos na jornada e, ao olharmos para trás, só vemos angústia, erros, solidão e, à frente, amarguras que nos tiram a motivação de viver. Sabemos da dificuldade de continuar felizes quando estamos cobertos por chagas que nos maltratam. Digo-vos que bem-aventurados os mansos, porque herdarão a Terra! No entanto, perguntar-me-ão: Como evoluir na dor? É um paradoxo. Porém, se refletirmos sobre os atos praticados, perceberemos que nem sempre fomos vítimas; falhamos muito. E digo-vos: Não escapamos às Leis de Deus que figuram em nós, em nossos pensamentos. O irmão diferente de nós, quando surge à frente, significa que a vida está nos propondo alteração de conduta, pois tudo o que é diferente nos convida a fazer a jornada juntos. Nessa caminhada, deveremos modificar-nos para alcançar o outro. Jesus afirmou: "Se te pedirem a capa, dá-lhe também a túnica". A luta pela paz íntima é conjunta. Observem nos animais, as diferenças não os afligem. A natureza sabiamente divide tudo de modo a não perturbar o outro. Assim, contribui para a evolução de todos. O que existe dá para todos. Mas o homem não sabe dividir, compartilhar. A ambição é que dirige seus atos e suas palavras.

Percebam que o ar purifica a vida e alimenta o organismo humano constantemente. Se parássemos de consumi-lo, já teríamos morrido; daí sua importância. O fogo, representado pelo sol, pelo calor, pelo vento morno, fomenta a vida, aquece as ideias, faz vibrar novos pensamentos e despertar imaginações. É o elemento mais quente; sem ele não viveríamos. A água, o líquido divino que transborda energias vivificantes, alimenta o corpo e banha-nos por completo. Traz em sua composição o remédio necessário à cura dos males; ajuda-nos a preparar alimento, oferece-nos sabor especial. Na chuva, refresca; aquecida pelo fogo, cozinha a refeição. Tudo faz crescer, germinar. Sem ela nada seríamos, pois nela habita a vida. Por fim, a terra, esse elemento sólido que nos proporciona firmeza no caminhar, que representa a dureza, mas torna-se flexível para satisfação do homem. Ela faz brotar árvores, flores, pedras, riachos e todos os tipos de minerais e vegetais. Como viveríamos se a terra não existisse? A referência aos elementos da natureza é importante, porque nos dá ideia de como tudo no cosmo está em ordem, por mais que o ar, o fogo, a água e a terra não tenham a mesma textura e sabor, nem provoquem sensações iguais; sem eles não haveria harmonia no planeta. São totalmente diferentes, mas, juntos, harmonizam-se. Sem um, o outro não estaria completo, demonstrando que é na diferença que nos completamos.

– Também é assim no Reino de Deus – Filipe continuou – primeiro o amor, o sentimento primordial que deu início à formação do cosmo, quando o elemento inicial, movido pela força amorosa do Criador, se uniu a outros para formar o ser que daí progride rumo à perfeição, tendo nas muitas existências as oportunidades para tal. Depois, veio a vida. Fonte inesgotável de possibilidades de evolução e que define como estamos e somos: ricos, pobres, felizes, tristes, serenos, violentos, amorosos. Por épocas, proporciona-nos viagens na linha do tempo sob a orientação da vontade. Com isso, experimentamos momentos diversos e, em cada um deles, adquirimos conhecimentos e vivências que nos abrem à eternidade. Somente a vida nos levaria a lugares diferentes a todo instante – ele mudou o olhar, percorrendo a plateia e continuou – a fé pode mover montanhas, afirmou o Messias, ela é o terceiro ponto a ser observado. Ter fé é confiar. Com ela somos capazes de modificar os fatos e despertar algo novo. Decerto, podemos despertar essa possibilidade em nós, fazer diferentes escolhas, optar por estacionar ou seguir movidos por essa força. É a fé que direciona a vontade, que movimenta a criatura e que a faz alcançar o desejado. Se não vacilarmos, edificaremos mundos diferentes sempre que nos for solicitada uma mudança de postura, levando-nos às novas formas de observar a vida. Outro modo de evoluir é a contemplação, que possibilita a oportunidade de observar o mundo que nos rodeia com outros olhos, de acordar em nós vontades desconhecidas. Se olharmos a existência como Jesus nos ensinou, sem julgamentos, outros sentimentos ocuparão espaço em nós, sempre melhores. Cenas contempladas tornam-se imagens na mente, ficam guardadas em nosso interior. Aos poucos, com novas contemplações, trocamos cenas conturbadas por outras mais serenas, e uma existência diferente no íntimo desperta. Contemplar, além de proporcionar essas maravilhas, permite a descoberta de novas emoções e sensações, que somente por meio de sua observação armazenamos. Novamente: amor, vida, fé e contemplação se diferenciam para criar os seres de luz únicos que todos somos.

Zaqueu encantou-se com as atividades desenvolvidas na aldeia e retornou ali várias vezes. Com o tempo, estabeleceu debates, visando conhecer as necessidades dos moradores para contribuir com o que fosse mais urgente. Construiria, naquela aldeia, uma de suas casas de auxílio aos irmãos em dor. Continuou refletindo:

"Descobrirei seus anseios. Não iniciarei um trabalho baseado unicamente em meus conhecimentos, pois as necessidades e vontades do próximo diferem das minhas."

Para sua surpresa, pediram-lhe que ajudassem no plantio. Tinham muita terra, mas havia dificuldade devido à falta de conhecimento quanto ao tempo certo para plantar e para colher e quanto à escolha das sementes.

Decidiram que o cultivo do trigo era mais importante e deram início à fabricação dos instrumentos de trabalho. Separaram os tarefeiros de acordo com as possibilidades de cada um, tratando-os por igual, observando suas habilidades e condições físicas.

– Necessito contribuir com algo. Estou sem sentido na vida desde que essa doença me contaminou o corpo. Sou incapaz de realizar tarefas produtivas – lamentou-se Eleazar, senhor de idade avançada que trazia no rosto os traços da vida desregrada que levou e que somente agora optava por Deus.

– Permita-me esclarecer alguns fatos – iniciou Zaqueu.

– Sim, será um prazer – concordou o enfermo.

– Primeiro, não digas que a doença o contaminou, pois não foi ela que te procurou e, sim, tu a ela.

– Como? Eu jamais pediria para ter este mal. E nunca, se dependesse de mim, o teria.

– Observa os acontecimentos de tua vida e verifica se te dispuseste a fazer o que de verdade vieste executar; se quando alguém batia à tua porta te recusavas a atender, alegando ocupações. Todas as vezes que te negaste a receber o próximo, acumulaste energias contrárias à solidariedade e ao amor e guardavas em ti um pouco dessa dor que hoje carregas.

– Como sabes que eu agia assim?

– Vejo em ti. Não escapamos de nossos atos; carregamo-los para onde vamos. Pior, lidamos com eles o tempo todo. Nas vezes em que te negaste o convívio saudável com teu próximo, sem auxiliá-lo quando podias, afastavas-te da proposta Divina e aproximavas-te dessa doença que ora te aflige. Então, não foi ela que te procurou, mas tu foste ao encontro dela.

– É difícil acreditar no que falas, mas tem tanta lógica que sou forçado a crer.

– Reconhecemos mais facilmente os erros quando mergulhamos na dor. Felizes seríamos se vivêssemos sempre certos do que Deus tem para nós.

– Ficarei curado dessa doença?

– Sim, foste tu que a colocaste aí, cabendo somente a ti retirá-la de onde se encontra.

– E onde ela se encontra?

– Na tua alma. Aonde vais, carregas os atos praticados, as dores que provocaste no outro, os remorsos por teres errado ou pela omissão. Quando tiveres a coragem de enfrentar a ti mesmo, de olhar nos olhos de teus monstros, que teimam em querer te devorar, libertar-te-ás desse passado que te acusa. Assim, encontrarás a cura.

Eleazar meditou alguns segundos para entender melhor a conversa. Havia verdade nas palavras de Zaqueu, mas temia ser impossível realizar o proposto.

– Orienta-me a livrar-me desse mal!

– Começa aceitando-o; não queiras livrar-te dele como se isso fosse possível da noite para o dia. Recebe-o em teu coração e em tua mente como o lenitivo que corrige erros e encaminha-te à perfeição. Depois, agradece pela oportunidade de ter iniciado a quitação de teus débitos e pede disposição para vencê-los, sem negá-los ou fugir deles. Lembra-te da afirmativa do Messias: "Tua fé te curou". Então, permite que habite em ti a confiança no Pai. Por último, refaz o caminho percorrido e, se não encontrares em tua consciência os companheiros do passado para corrigires os erros que praticaste, serena e aguarda. Outros dias virão e terás as oportunidades que desejas. No entanto, se os encontrares, não fujas, não te envergonhes nem se demores em perdoar e em sentir o perdão, pois a maior sabedoria do ser é colocar-se, honradamente, diante do outro, sem humilhar-se ou rebaixá-lo.

– Haverei de travar uma enorme luta para alcançar essa mudança. Mesmo sabendo que estou passando por grandes dificuldades, em abandono total, não consigo perdoar aqueles que me maltrataram, muito menos olhar novamente nos olhos daqueles a quem fiz mal. Confio em Cristo para compreender esses ensinamentos.

– Quando os compreenderes e os colocares em prática, alcançarás a cura. Começa aceitando desenvolver uma atividade em nossa seara.

– Como posso ajudar?

– Deverás contribuir no limite das tuas energias. Uma vez que não podes sentir o sol intenso sobre a pele, ficarás aqui, esperando trazerem as sementes. Então, separarás o bom trigo do ruim.

– Mas esta tarefa é muito fácil, posso fazer mais.

Percebendo a ingenuidade do novo amigo, Zaqueu sorriu, enquanto levava a mão ao rosto inocente daquele que não supunha o que falava e esclareceu:

– Amigo, não entendeste a tarefa a ti confiada. Trata-se de uma das mais valiosas, difíceis e melindrosas que conheço.

Olhando Zaqueu e pressentindo que havia se enganado em suas colocações, disse-lhe:

– Desculpa-me! Podes me explicar melhor? Se não me engano, pediste que separasse as sementes boas das ruins.

– Sem que erres ou cometas injustiça.

Eleazar meditava sobre essas últimas palavras.

Na aldeia principal, todos se juntaram para ver a partida de Filipe, da esposa e das filhas para Etiópia.

Capítulo 9

O PLANTIO

O EX-PUBLICANO ALCANÇOU A terra destinada ao plantio, juntou-se aos outros que o esperavam e deram início à aragem do solo. Percebeu que o lugar era bom para o cultivo do trigo. A colheita daria para abastecer os celeiros das duas aldeias por muito tempo.

Todos os homens saudáveis praticamente se juntaram na tarefa, e os demais auxiliariam conforme suas possibilidades. As mulheres continuariam seus afazeres diários, que eram a fabricação do artesanato e o cultivo de frutas e verduras, realizados próximo das residências.

Durante o trabalho, cantavam e alegravam-se, pois fora o que Zaqueu aprendera em sua estada em Cafarnaum, na casa de Mateus.

– Para a colheita ser farta, plantaremos a semente do amor na cava funda que a soterrará e onde enfrentará as dificuldades para nascer, crescer e frutificar. A atividade do plantio é a mais importante de todas, mesmo cada uma tendo seu significado. Quem semeia tem possibilidade de plantar boas sementes, de aprender a ter paciência para esperar o tempo certo da colheita. Na colheita, enfrentará dificuldades, pois terá de separar o joio do trigo. Se permaneceres calmo, consciente de que para tudo há um tempo certo, tornar-te-ás maduro. Maturidade requer esforço e, uma vez conquistada, terás lavoura farta. Quando plantamos o amor, decerto colheremos o amor. Esse sentimento brota na terra fecunda de nosso coração, como o trigo. Depois espalha a felicidade entre todos, principalmente entre os que usam o fermento dos ensinamentos de Jesus para aumentar a união, a luz e a sabedoria em seu interior. Se nos descuidamos, o ódio ocupa o lugar do amor e, sendo imaturo, pois é joio, provoca discórdia.

– Não entendo por que Jesus falava tão difícil! Ao lado dele, pouco se compreendia do que ele pregava, sempre falando por parábolas. Certamente, sentia a energia pura nos curando, devolvendo a calma a nossos corações. Mas penso que seria melhor se tivesse pregado mais claramente, pois compreenderíamos melhor – relatou um dos homens da aldeia.

– Seria correto Deus permitir ao trigo receber todo o calor do sol necessário a seu crescimento de uma só vez? Ou é mais justo deixá-lo absorver um pouco a cada dia, para se fortalecer lentamente, no tempo certo, como requer a planta para germinar sadia? Não seria precipitado o pai ensinar à criança de cinco anos conteúdos que só cabem aos jovens de dezoito? Estaria Jesus agindo errado ao lançar a semente no tempo certo? Seria acertado forçar aquele que só pode compreender o pouco a compreender o muito? A cada dia, basta sua luz; a cada noite, sua escuridão. Não desejemos receber de repente tudo o que os dias e as noites nos reservam para toda a vida. Será coerente absorvermos tudo de um só fôlego?

– Compreendo tuas observações, mas poderíamos absorver tudo e depois diluí-los aos poucos, no dia a dia. Afinal, talvez o pouco suporte o muito. Como explicas que um compreende o muito e o outro só perceba o pouco? Não somos iguais? Teria Deus privilegiado uns em detrimento de outros?

– Tens razão ao refletires com sabedoria o fato de Deus não tratar diferentemente Seus filhos. Porém, sabes que cada coqueiro possui suas particularidades, uns com muita água, outros com pouco bago. Cada sabiá tem seu canto, cada cobra sua toca e rastejados, cada lagarto escolhe os insetos de sua preferência para as refeições. A vontade que habita o ser é diferente em cada um. Ela existe e cresce de acordo com as decisões tomadas. Se preferires ignorar os aprendizados cristãos, será uma decisão tua; abraçá-los também dependerá de ti. Deus não interfere em nossas escolhas. Se escolheres, em vez de trabalhar no plantio do trigo, ficar em casa repousando, adubando o joio, que mérito haverá nisso? No momento da colheita, alimentar-te-ás do que te derem, enquanto os outros comerão do banquete divino que prepararam com o suor do próprio trabalho. Aqueles que ajudaram na semeadura adquiriram o conhecimento transmitido em cada etapa, e aqueles que somente descansaram poderão até alimentar-se do trigo, mas como um mendigo que implora a misericórdia Divina, não como um filho que ajudou o Pai no plantio. Participar de todo o bem que está a nosso alcance é que nos faz crescer espiritualmente, diferente de outros que optam por ser indiferentes às possibilidades que a vida oferta.

Com o passar do tempo, o lugar transformou-se em belíssimo campo cultivado, repleto de trigos maduros. Como fora semeado com muito amor, o joio não cresceu, e deixou os trigos belíssimos. Tiveram menos trabalho na colheita e mais fartura durante o ano. Então, planejaram mais semeaduras, diversificando os legumes.

Era de admirar como Eleazar se dedicava ao trabalho, separava cada semente com muita atenção. Depois, auxiliou em outras tarefas, já que a cada dia fortalecia-se e, seguindo o conselho de Zaqueu, não se negava a praticar o bem a seu alcance.

– Zaqueu – chamou o enfermo – noto o quanto tenho melhorado nesses últimos meses. Já não sou o de antes, porque me conformei e me dispus a trabalhar, afastando-me do pessimismo. Ao ouvir tuas pregações, percebi que devo: primeiro, aceitar o que existe preparado para mim, meu assento no banquete divino; segundo, se tenho condições de participar, adentrar o recinto no qual é servido o banquete e dali sair com o que há de melhor, ou seja, vibrar na mesma energia do lugar, é porque sou digno de tal ação. Isso é reconhecer-se um bom cristão, é crescer, agir conforme as oportunidades que o Pai nos oferece.

– Exatamente – Zaqueu confirmou – não podemos desejar o que a nós não pertence, nem mesmo o que ainda não compreendemos; a cada um, segundo suas obras, segundo seu merecimento e sua capacidade de compreensão e de execução. Paraste para pensar que aqueles que te magoaram o fizeram porque não sabiam fazer melhor? Aconteceu porque despertastes neles o ódio por meio de tua ambição, tua luxúria, tua arrogância. Para teres tantos bens, foi necessário que muitos não tivessem nada. Sentias-te feliz enquanto outros se amarguravam. Então, reflete: se houvesses respeitado a necessidade do próximo, ajudá-lo-ia sem expô-lo à miséria. Deus não aceita a mendicância, já que somos herdeiros d'Ele. E sendo herdeiros de quem tudo criou, só podemos ser ricos. Então, verias quantos amigos verdadeiros possuirias, quanto de amor receberias em troca. Não esqueças que o bem praticado te acompanha por toda a eternidade, fortalecendo tuas energias e guiando-te nas veredas que levam ao Pai.

– Ajudado como? Dando sem que me dessem nada em troca? Simplesmente por doar?

– Pagando melhor a teus servos, vendendo teus produtos por preços mais acessíveis. Não é necessário que pagues tão mal aos que te auxiliam na resolução de teus negócios apenas para que acumules muitos bens. Depois, por que explorar as pessoas que precisam de teus produtos, serviços, inteligência e palavras, se com o valor justo terias o lucro de que necessitas para ter uma boa vida? Para acumular em demasia, é preciso explorar em demasia. Se ages com justiça, tens exatamente o merecido e o que necessitas para viver feliz. O recurso acumulado honestamente jamais te será tirado, caminhará contigo, a teu lado, nunca te abandonará.

– Hoje, compreendo o objetivo da tarefa. Não desejavas vender ou dar a outrem o consumo do imprestável. Poderíamos muito bem ter misturado os grãos bons e ruins, ninguém notaria nossa trapaça. É assim que muitos fazem. No entanto, ao separar, ofertamos o melhor, retendo a parte não aproveitável.

– Exatamente! E mais: ao realizar a tarefa, participaste de todo o bem que havia a teu alcance; poderias ter nos enganado, não separando os grãos. Quem sabe farias isso para poupar-te do trabalho ou até mesmo para aumentar nossa renda? Porém, se assim tivesses agido, estarias te comprometendo com cada grão não selecionado e com cada pessoa que o consumisse, imaginaste? Depois, terias que reparar o erro com todos. Uma vez que os grãos ruins tivessem sido espalhados aos milhares para muitas pessoas, será que as encontrarias para indenizá-las do mal? Lembra-te: às vezes, o mal que semeamos ganha tão grandes proporções que sentimos enorme dificuldade para refazer o plantio, sendo a colheita proporcional à semeadura. Palavras pronunciadas à deriva, no sentido do vento, são prenúncios de enorme tempestade.

Enquanto isso, Samiel dava continuidade à tarefa de educar as crianças das aldeias. Para avaliar o avanço do trabalho, separou os envolvidos por turnos; exigiu disciplina, assiduidade e implantou novas ideias para os educandos porem em prática o conhecimento absorvido. Houve momentos em que ele pensou em desistir, porque, mesmo residindo em uma célula cristã, alguns impuseram dificuldades para aceitar novas diretrizes. As particularidades da época dificultavam o trabalho: primeiro, o estudo era limitado e não obrigatório; depois, somente os mais abastados educavam seus filhos, por ser uma atividade dispendiosa e, por fim, apenas aos homens cabia esse privilégio; as mulheres ocupavam-se dos serviços do lar. Mas para o escravo liberto, essas diferenças não existiam.

Muitos viram a atividade como algo inútil, imaginando que filhos de pessoas simples, de baixa renda, não têm por que ser educadas. E mesmo que o fossem, não teriam como pôr em prática o conhecimento, pois pobres têm por profissão o trabalho na lavoura, na pesca, os serviços domésticos e similares. Analisavam que as ocupações não requeriam conhecimento, só a habilidade do dia a dia. A isso, Samiel esclareceu:

– Quanto mais conhecimento, mais possibilidades temos de propagar a Boa Nova. Os discípulos precisam de pessoas que saibam escrever em grego para multiplicar as cópias dos ensinamentos de Jesus, já que é a língua falada em muitas partes do mundo. Como, além do hebraico, aprendi essa língua com Zaqueu, vou ensinar a vocês para que contribuam eficientemente com o trabalho do Pai.

A informação empolgou-os. Era recente a crucificação do Messias, e muitos desejavam, justamente, participar do banquete divino. Ali, reuniam-se pessoas que conviveram com Jesus em Cafarnaum e sonhavam revê-lo. Enquanto esperavam sua volta, procuravam o entendimento das parábolas cristãs por meio dos estudos com Samiel.

Buscando contribuir com as atividades do ex-escravo, Zaqueu esclareceu aos alunos:

– Lembrai-vos de que somente o homem esclarecido é capaz de discernir com sabedoria os ensinamentos que a vida oferece, de escolher coerentemente entre o bem e o mal e de praticar atos que tragam a evolução espiritual e, o mais importante, de entender o Mestre tanto pelas emoções e ações como pelo raciocínio e pela intuição. Isso não implica dizer que somente os que estudarem serão tocados por Deus em seus corações, pois conhecimento de verdade é aquele que alcança a alma e, para atingi-la, é preciso amor. Muitos adquirirão conhecimento e pouca sabedoria divina, enquanto outros terão amor e pouco conhecimento dos homens. O equilíbrio das duas situações dá-se com o tempo, no período certo.

Aos poucos, a turma crescia e, mesmo com muitos afazeres, as mulheres encontravam uma forma de participar das aulas no final do dia, quando finalizavam as tarefas domésticas.

A alegria crescia, principalmente ao perceberem que eram capazes de juntar as letras, de formar palavras, de ler e compreender seu significado. Era um triunfo que jamais pensaram alcançar. De olhos brilhando, com lágrimas, viam-se crescendo espiritualmente por meio da leitura e da escrita. Passaram a amar e a admirar, de jeito especial, aquele servo de Deus que escondia, por trás daquelas vestes e modos simples, uma alma nobre, com vontade firme de agir no bem, incondicionalmente.

Samiel não notava. Mas, aos olhos dos moradores das aldeias, eram visíveis os traços do cristianismo em suas atitudes. Em breve, pregaria o Evangelho em outros lugares, pois tinha os requisitos necessários para fazê-lo. Evoluía agindo com simplicidade, dando ao outro o que de verdade possuía: a arte de ler e escrever.

Capítulo 10

PAULO ESTEVE COM ZAQUEU

ALÉM DOS COMPANHEIROS HABITUAIS de pescaria, Zaqueu chamou Pedro e Samiel para irem à cidade. Visitariam um dos bairros nobres de Cesareia a fim de encontrar certa senhora que implorava a presença do missionário. Atenderia ao chamado com gentileza, devido à narrativa da filha da enferma.

Ela contou que a mãe fizera grande viagem pela Ásia Menor e por Roma e que teve a oportunidade de conhecer Paulo, peregrinando por aquelas regiões. Com isso, convidou-o para vir a Cesareia. Paulo aceitou a honra, pois muito queria rever a comunidade cristã dali. Isso despertou curiosidade em Zaqueu e Pedro, porque após a crucificação, os seguidores do Mestre tomaram caminhos diferentes. Somente um pequeno grupo concentrou-se em Jerusalém, visando manter viva a ideia da Casa do Caminho. Como eles planejavam reencontrá-lo, a apreensão os inquietava.

Mas o motivo que levou a filha da aflita senhora procurar o ex-publicano fora outro: a senhora agonizava há vários dias sem nenhuma esperança. Então, desejava pedir uma bênção naquele momento derradeiro, e o nome de Zaqueu já corria de boca em boca, como fiel servidor do Messias.

Quando o grupo dos apóstolos entrou na casa da enferma, muitos de seus parentes já haviam chegado de cidades distantes. Sendo ela muito rica, eles esperavam sua morte para, antes mesmo de o espírito se desprender do corpo, partilharem os bens.

A filha, muito chorosa, permanecia ao lado do leito. Queria a mãe com a saúde restabelecida para voltarem às viagens de família e para desposar o rapaz escolhido pela senhora, que teve a preocupação de não deixá-la desamparada.

A chegada de Zaqueu e de amigos, trajando vestes simples, despertou a curiosidade dos familiares da senhora. Como esses pertenciam à aristocracia da Judeia e da Galileia, desconheciam o fato de que pessoas daquele nível social participassem do círculo de amizade da família.

Zaqueu e os amigos foram bem recebidos e atendidos de perto pela filha da enferma, enquanto os demais criticavam a permanência deles ali.

Alegria maior tiveram com a entrada de Paulo no recinto. Zaqueu praticamente ajoelhou-se aos pés do amigo. Era grande a satisfação em revê-lo. O abraço deles foi demorado e a paz, sentida por todos.

– A enferma delira! Como aceita que tais peregrinos frequentem a mansão? Que importância tem a convivência com eles? Esse baixinho era publicano, de corrupto virou profeta, que absurdo! – questionou o esposo de uma das senhoras, parenta da família.

– Não te deixes levar pelas aparências. Matilde é fiel seguidora do carpinteiro de Nazaré. Depois, Zaqueu muito tem nos ensinado com sua transformação – respondeu sua esposa.

– Serve para alguma coisa seguir alguém mais pobre do que nós? Nunca ouvi tanta gente falando de um só homem. Como falam desse Nazareno! Porventura será alguém tão especial assim? Ouvi muitos relatos sobre ele, e tudo me parece estranho. Será que deverei seguir um Messias somente porque vivia na miséria? Desde quando riqueza é pecado? Dinheiro, poder e vaidade são o que sustentam e movem o mundo. Experimenta tirar isso da humanidade e nada mais será construído, nunca mais veremos as maravilhas da Terra. E como separar por classe social algo que por si só é inseparável? Sim, pois se fosse para serem todos miseráveis, para que Júpiter teria inventado a fortuna? E que diferença haveria entre nós? – continuou ele.

– Desconheces a mensagem de Jesus. Não é bem como falas! Se prestasses atenção ao que já te narrei, certamente terias compreendido.

– O que narraste será mais assustador do que a imagem à minha frente? Homens vestidos em trapos, cabelos desalinhados e olhos esfomeados... São totalmente diferentes de nós. Em que se parecem com nossa gente? Apenas me contaste coisas sem sentido; por último me falaste que, anos atrás, esse Messias foi crucificado entre ladrões. Queres que abandone minhas tradições religiosas para seguir esse ser?

– Caso tenhamos a oportunidade de ouvi-los, peço-te que te mantenhas em silêncio para absorveres em profundidade os ensinamentos.

– Atenderei tua súplica se atenderes a minha.

– Qual é tua súplica, querido esposo? – desdenhou a mulher.

– Peça a Aninha, nossa sobrinha que muito em breve ficará sem mãe, para conceder-nos a chácara situada às margens do mar da Galileia. Sempre fui louco por aquele lugar; alegrar-me-ei muito se a possuir.

– Se ouvires atentamente a pregação dos enviados de Deus, não precisarás dessa regalia.

– Já falei, meu deus é Júpiter! Que me conste, ele vive em um lugar com muito mais riquezas do que o que peço agora.

– Vamos, eles se aproximam, certamente pregarão a pedido de minha irmã.

O casal acercou-se da cama da enferma e, antes que cumprimentasse as pessoas presentes, Paulo abriu os braços e deu início à fala.

– Amigos, irmãos, filhos. Quem afirmou que Cristo foi crucificado entre dois ladrões, em Jerusalém? Jesus foi crucificado entre dois filhos de Deus, e ele está entre nós todas as vezes que aliviamos a dor dos aflitos, que visitamos e auxiliamos os enfermos, os prisioneiros, os abandonados. Sentimos sua presença afável em nossas lutas e tentativas de mudança, seja de ordem espiritual ou material, pois seu amor age em nós, modificando continuamente nossos pensamentos e nossas ações; basta querermos. Às vezes, sentimo-nos fortes e seguimos adiante. Em outros momentos, tomamos um rumo diferente e enveredamos por caminhos tortuosos. Mas tudo são experiências escolhidas por nós para alcançar a compreensão da Verdade. Abandonados, Cristo acolhe-nos, orienta-nos, consola-nos. Felizes, ele nos impulsiona ao trabalho, devolve-nos o sentimento de dignidade divina. A morte renova nossas possibilidades, mas é na vida, como habitantes da Terra, despertos e não adormecidos, que evoluímos plenamente. Vede que maravilha Deus permitiu acontecer: familiares reunidos para uma possível despedida da pessoa que muito amam. Contudo, afirmo-vos: isso só se deu para que vós presenciásseis o poder do Cristo. Logo mais, essa nobre dama estará novamente de pé, com a saúde restabelecida; não morrerá antes que eu parta para outras terras. Isso acontecerá para que reconheçais que Cristo é o escolhido, o ungido do Senhor. Seu Evangelho é o único que nos conduz ao bem, à verdade e à vida. Com seus exemplos, implantaremos o Reino de Deus em nós. Aos que creem que ele ressuscitou no terceiro dia após a morte, eu peço: observai que, também durante a existência na Terra, ele trouxe muitos de volta à vida. Enquanto estamos na jornada, ressurgimos todos os dias para novas possibilidades evolutivas. Isso é renascer. E quando menos esperamos, ressuscitamos para o mundo que nos rodeia, mas que nos era desconhecido, estava obscuro pela vaidade, pelo medo, pelo orgulho e pelo egoísmo. Esse despertar é necessário enquanto habitamos a carne, para que, ao sairmos desta vida e entrarmos em outros mundos, consigamos entender e participar das melhores experiências. Confiai! Cristo veio por nós e age por meio de nós em todos os cantos do cosmo. Somos seus braços quando abraçamos, suas mãos quando auxiliamos. Somos suas pernas quando caminhamos ao encontro do outro, somos seu coração quando amamos e somos sua boca quando oramos. Quando odiamos ou menosprezamos nosso próximo ou agimos com indiferença em relação a ele, é conosco que o fazemos, pois agimos assim porque esses sentimentos somos nós. Aqui ou em outras existências, quando tivermos a possibilidade de voltar em novo corpo, compreenderemos o sentido da evolução do ser, que é amar.

Paulo calou-se. O encanto de seu olhar acalmou as almas necessitadas de paz. Então, Zaqueu tomou o centro do recinto e iniciou sua primeira preleção em público, para pessoas desconhecidas de sua lida.

– Compreendendo as dificuldades humanas, Cristo ditou regras de conduta que podem ser seguidas por qualquer um, letrado ou iletrado. Nada impede nosso despertar para o amor e para a verdade. Como disse Paulo, é necessário despertar enquanto fazemos a jornada. Despertar é a consciência do dever cumprido. Somente acordam aqueles que veem mais claramente as responsabilidades assumidas, para reescrever sua história com a tinta do amor e o pergaminho da sabedoria. A tinta do amor compõe o tinteiro da vida e traça linhas que nos elevarão a níveis superiores. A missão é alcançar a perfeição, e somente o amor nos desembaraça para compreender outros sentimentos nobres. Só o amor aponta o rumo certo a seguir, os modos certos de agir e facilita a convivência harmônica com o próximo. Devemos construir nossa morada com amor, pois nela habitaremos. Nosso verdadeiro lar é nossa consciência e nosso coração. Por último, temos o pergaminho da sabedoria, a mola de sustentação durante a caminhada. A sabedoria nos faz esperar melhores momentos, horas certas e instantes seguros. Às vezes, parece que tudo está errado, mas, com paciência, tudo muda e alcançamos o objetivo. Daí vem a alegria de ver que valeu a pena esperar. Poderia acrescentar outros elementos ao que Deus prepara para nós, como a oração que o Cristo nos ensinou em diversos momentos, orientando que não importam as palavras pronunciadas nem a quantidade delas, mas sim, a sinceridade ao verbalizá-las; o sentimento de bondade que flui nos corações; o pensamento, calmo e sincero, confiante de que agimos corretamente; as atitudes acertadas, em consonância com os princípios cristãos; a gratidão pelo muito e pelo pouco, pelo bom e pelo ruim, pela paz e pela guerra, pelo ódio e pelo amor, pois as diferenças se completam. Não esqueçamos o perdão, aquele que deve ser dado a nossos amigos incondicionalmente, quando nos desentendemos e fazemos deles inimigos. Não saber perdoar é o mesmo que não saber amar; o perdão é filho dileto do amor. Não saber perdoar equivale também a não se libertar, já que a falta dele nos mantém presos às amarras do mal que praticamos ou que sofremos. Não saber perdoar assemelha-se a não saber superar-se, pois somente vencendo cada dor e amargura, percebemos o quanto somos fortes e como evoluímos para o Criador. Por último, não perdoar é viver em constante agonia, é sofrer e padecer sem a ventura de avançar rumo ao inesperado, à vida eterna. Devemos perdoar, mesmo antes de ser atingidos pelo mal, pois, assim como nós, nosso irmão é imperfeito. Lembremo-nos, ao levantar todas as manhãs, de levar um pouco de oração e de perdão: a primeira, para doar aos irmãos que muito amamos; o segundo, para aqueles que ainda não aprendemos a amar.

As pessoas alegraram-se ante as revelações. A moribunda pediu para levantar-se e foi atendida de imediato. Paulo havia dito que ela recuperaria logo, e os parentes exigiam a comprovação do prometido.

Com dificuldade, ergueram-na, mas, sentindo tontura, ela foi recolocada na cama. Passados alguns instantes, Paulo, Pedro e Zaqueu aproximaram-se e ordenaram-lhe que se levantasse. Sem que ninguém se aproximasse, a senhora alcançou o espaldar do móvel com a mão e, em segundos, pôs-se novamente de pé, desta vez mais firme. Em seguida, ensaiou alguns passos e afirmou que nada mais a fazia sofrer.

Muitos sentiram ódio dos discípulos, pois desejavam a morte da senhora e partir com os bens que julgavam serem deles de direto. Outros, contentes, alegravam-se ao ver a enferma completamente curada. Entre risos e lágrimas, festejaram o ocorrido, enquanto o pequeno grupo de pescadores e de agricultores, discípulos do Senhor, ganhou a rua em direção à praia.

Paulo passou poucos dias em Cesareia, o suficiente para fortalecer os moradores na fé cristã. Dali seguiu para Chipre e somente voltaria anos depois como prisioneiro cristão.

Capítulo 11

A DECISÃO DE PEDRO

– PARTIREI – DISSE Pedro a Zaqueu – encontrarei os outros discípulos para concluirmos a missão que nos foi confiada. O Messias nos escolheu para semear a Boa Nova em todas as nações. Cesareia tem uma boa equipe. Teu trabalho tem prosperado, todos te obedecem. Deixo minha casa a teus cuidados, e não esperes meu retorno. Irei adiante sem tempo para regressar; preciso avançar. Urge a época da volta do Senhor.

– Lamento, Pedro, pois não me sinto forte o bastante para seguir com tamanha tarefa – argumentou Zaqueu – o que aqui tu e Filipe construístes foi mais que tijolos erguidos um sobre o outro; mais que um simples templo ou uma construção faraônica. Na verdade, ergueste a Igreja do Senhor, celebraste a palavra de Cristo e a divulgaste; de tão intensa, nós a sentimos na atmosfera do lugar. Os pescadores te amam, as senhoras te respeitam e te têm como filho. As crianças correm atrás de ti com se fosses o pai delas. Sentem-se fascinados com tua presença, e até mesmo a natureza te respeita. Soubeste cativar e semear o amor.

Como pensas abandonar tudo isso e deixar para um ex-publicano, avarento, a continuidade da tarefa que começaste com tanta dedicação?!

– Zaqueu, buscas no teu passado as desculpas para te omitires dos deveres presentes. Não foste o que dizes ter sido. És um discípulo do Cristo que veio para ajudar-nos a vencer as dificuldades do caminho. Estas aldeias te respeitam tanto quanto a mim. Não percebes que quando falas todos se calam para te ouvir? Ensinaste muito a essas pessoas. Elas não tinham conhecimento da administração dos negócios e agora são grandes comerciantes. Na aldeia dos enfermos, ensinaste várias profissões, e hoje eles prosperam, não precisam viver da esmola que recebiam. Sentem-se dignos, mesmo que excluídos de tudo e de todos. Samiel ensina as crianças a ler e a escrever. Quem um dia sonharia com isso? Até os mais velhos esforçam-se para aprender os conteúdos que ele tem repassado. Somos muito gratos. Então, não existe outra pessoa a quem confiar a tarefa de orientar esse povo. Já tiveste a oportunidade do aprendizado de que precisavas. Cuida agora de pôr em prática o que aprendeste. Unicamente Deus julgará teus atos, e eles precisam ser praticados para merecerem tal julgamento. Não te antecipes, nem prejudiques a lavoura com a dúvida.

Alguns dias passados, Zaqueu pediu a Pedro que, antes de comunicar aos moradores das aldeias a decisão tomada, fosse-lhe permitido visitar sua casa em Jericó; reveria os filhos e esposa. Não se sentia preso ao passado, mas talvez aquela fosse a última visita à cidade que o viu prosperar financeiramente. Pedro disse:

– Tua família é toda a humanidade; servindo-a, serves aos teus! – o ex-publicano não teve tempo de responder, pois Pedro continuou – não te justifiques muito; somente a Deus deves contas de tuas obras. Por ora, faz o que julgas correto.

Daí a alguns dias, partiram com destino a Jericó, o ex-publicano e o escravo liberto, com a obrigação de retornarem em breve. Cabia a Pedro esperá-los. Esse era o tempo necessário para preparar sua partida.

Poucos dias depois, eles chegaram a Jericó e, agora, sentados na sala do pequeno palácio da família, Zaqueu tinha a filha com a cabeça em seu colo, enquanto terminava de narrar suas andanças.

– Então, Sarah, narrei brevemente passagens de minha vida atual. Em cada nova atitude tomada, vejo meus objetivos se realizando; faço o que gosto, o que devo executar. Atualmente, não são as posses materiais que me completam, mas o trabalho em grupo para benefício do próximo. Crio elos com seres que me fortalecem, que me ajudam a crescer. Não é o dinheiro que encoraja o homem para o encontro com Cristo, é o amor ao próximo, quando somos benevolentes, fraternos, humanos. Não somos parcela separada dos outros, o Criador nos torna irmãos.

– Pai, tuas palavras alegram-me. Deixaste aqui filhos que te amam muito, mas não te preocupes; saberemos honrar teu nome. Assim como tu, passamos nossos dias sob o Evangelho de Jesus. Não somente foste tocado naquele dia, mas toda a nossa família e servos também. Hoje somos seguidores do Cristo.

A confissão de Sarah surpreendeu-o. Zaqueu não esperava encontrar os familiares convertidos ao cristianismo, não obstante observar as lembranças do passado ali: a bela casa, as vestes impecáveis, os mesmos móveis e utensílios. Serviam a Jesus, mas guardavam os hábitos de antes. Porém, não caberia a ele julgar tais atitudes e sim, compreender e aceitar. Para cada pessoa, há um tempo e diferentes modos de crescer espiritualmente.

Raquel veio até a sala trazendo lábios e braços de amor, para compartir com o marido.

– Minha querida! Quantas noites me lembrei dos momentos felizes! Gostaria tanto de vê-la a meu lado. Decerto, minha alegria seria maior! – Zaqueu chorou.

– Querido, isso seria impossível; amo Jesus e realizo minha missão aqui. É sagrado o cuidado que devemos ter para com a família. Tu foste ao encontro dos nossos irmãos mais distantes. Eu fiquei para cuidar dos mais próximos. Assim, cumprimos os desígnios divinos. Sarah está grávida do nosso segundo neto. Joaquim já conta com três filhos. A mim não cabe ocupar somente meu espaço, mas também o teu.

– Perdão pela ausência! Fiz uma escolha que me torna feliz, mas...

– Não te culpo nem te cobro nada. Ages acertadamente; necessitamos adquirir a tua coragem. Não és tu que deves voltar a habitar esta casa; nós é que deveríamos segui-lo na trajetória que escolheste como servo de Deus.

Joaquim, ao reconhecer o pai, caiu de joelhos aos pés dele. As lágrimas molharam as mãos paternas durante um beijo de gratidão.

– Pai, quanto esperei para te dizer que o reconheço como o ser que mais amo neste mundo; foste quem mais me ensinou e continuas a orientar-me sobre a vida. Se ainda não acompanho teus passos, é por fraqueza d'alma.

– Levanta-te, filho! Eu é que deveria ajoelhar-me a teus pés. Agiste com sabedoria e compaixão. Quando eu chefiava esta casa, meu egoísmo e minha ambição prevaleciam;

praticava o bem sempre em proveito próprio. Mas o que hoje vejo aqui é contentamento. Esta casa parece mais um jardim do que uma residência de adultos preocupados com a labuta do dia a dia; as crianças regozijam-se. Confirmaste que mais vale servir do que ser servido.

Cinco dias foi o período que Zaqueu se demorou ao lado da família. Em seguida, retornou a Cesareia para cumprir a promessa feita a Pedro. Queria vê-lo partir rumo a sua nova jornada. Sob o olhar iluminado e choroso de seus familiares, pressentiu que o avistavam pela última vez, mas que nunca deixaria de ser o pai, o marido, o irmão, o amigo. No futuro, iriam se encontrar em uma das Casas do Pai.

Capítulo 12

RECOMEÇO

ZAQUEU E SAMIEL ADQUIRIRAM novos aprendizados na jornada de retorno. Ao se aproximarem da Samaria, encontraram pregadores que se diziam apóstolos do Cristo, mas que não haviam convivido pessoalmente com ele.

Pararam próximo a um deles, ouviram com clareza a palestra e observaram sua boa fala. Citava parábolas inteiras de Jesus. Depois, com vocabulário próprio, pregava aos ouvintes. Em alguns momentos, detinha-se para refletir acuradamente sobre o assunto, na impressão de estar unindo o próprio pensamento ao de espíritos superiores.

– Decora as palavras do pregador – pediu Zaqueu.

A estranheza do orador era demonstrada por suas belas vestes, confeccionadas com tecidos que certamente não haviam sido comprados no comércio local, pela textura e leveza. As sandálias confortáveis, que adornavam os pés limpos, sem sinal de suor ou poeira, o que era praticamente impossível evitar naquela região, confirmavam algo estranho. Ele vinha de outro lugar e pouco andava entre o povo humilde.

Quanto aos ouvintes, simples, de aparência cansada, queriam a cura das doenças que os afligiam. Devido ao pouco tempo desde a crucificação, muitos continuavam na busca das benesses materiais; poucos desejavam a transformação que liberta.

Após a palestra, aproximaram-se do pregador e, sem deixar transparecer que especulavam, pediram atendimento particular. Mas, grande foi a surpresa ao saber que para isso era necessário entrar em uma fila, que já fora formada, e que precisavam pagar pela consulta.

Enraivecido, sentimentos contrários à compaixão foram despertados em Samiel. E ele só se acalmou ao perceber espíritos perniciosos alimentando-se de seus pensamentos.

"É urgente manter a calma e a tolerância" - refletiu.

Para estranhamento de Zaqueu, em poucos segundos, o escravo liberto ocupou lugar na fila. Parecia realmente querer saber o que o pregador tinha a revelar. Talvez também desejasse descobrir seu verdadeiro caráter e quais prerrogativas ele tinha para falar em nome de Jesus.

- Que fazes aí? Que temos nós com esse homem? - Zaqueu, decidido a persuadi-lo a desistir da consulta, aproximou-se.

- Não vês que engana essa gente? Para que formar fila para ser atendido em nome de Jesus? Além disso, ele cobra, não sei por quê.

- O Messias ensinou-nos a ser tolerantes com aqueles que buscam o reino da Terra antes que encontrem o de Deus.

- Concordo! Mas é correto deixar essa gente ser enganada por esse homem?

- Ele também nos ensinou a ter cuidado, pois muitos lobos se vestiriam com peles de ovelhas. Cabe a cada um analisar as atitudes dos pregadores. O Messias deixou exemplos de conduta, falou abertamente às multidões.

- Então, por que esse homem fala em segredo? Nota

que ele age inconvenientemente, contradizendo os ensinamentos cristãos. Poderia responder a todos aqui, no terreiro, para que quem o ouvisse pudesse questioná-lo. É sobre esse assunto que pretendo conversar com ele.

– Admirável tua postura, pois não devemos brincar com as Escrituras. Mas alerto-te que não nos cabe molestá-lo. Ele acredita que procede acertadamente. Seguiremos viagem. A noite aproxima-se e, como sempre, não temos um leito para repousar; precisamos do momento antes do anoitecer para encontrar uma hospedaria.

Samiel atendeu a insistência do fiel amigo e seguiu até o próximo vilarejo. Ali passariam a noite em uma hospedaria. Zaqueu, a muito custo, convencera o proprietário que os deixassem pernoitar com os poucos recursos que possuíam, só alguns denários, muito poucos mesmo. A condição só fora plenamente aceita pelo hospedeiro porque eles se comprometeram a limpar o local antes de se recolherem. Zaqueu limparia o assoalho, e Samiel cuidaria da cozinha.

A noite caiu mais escura que antes e todos se recolheram. Mas Zaqueu, que não dormiu, pois não tinha esquecido um só instante o ocorrido naquela tarde, manteve-se de pé, defronte à porta de saída da hospedaria.

De repente, gritos vieram da taberna próxima. Depois, alguém foi expulso. Em seguida, uma mulher, com altos berros, ameaçava um homem com um objeto pontiagudo semelhante a um punhal de osso. O cidadão forçado a sair protegeu-se atrás de Zaqueu que, por receio de algo pior acontecer, aproximou-se da cena para garantir paz no recinto.

A mulher gritou mais alto, enquanto o homem, completamente embriagado, sustentava-se na túnica de Zaqueu. Somente quando viu a mulher afastar-se, berrando para que nunca mais voltasse àquele lugar, acalmou-se. Eles sentaram-se em uma pedra próxima, usada para o repouso dos viajantes.

A noite escura proibiu que ambos se vissem melhor. Segundos após, o homem pôs-se a contar o acontecido: fora dele toda a culpa, pois ali chegara com bastante dinheiro, mas, embriagado, não notou o quanto gastava. As companhias femininas também fizeram tudo para que ele jogasse fora até o último denário. Deitou-se a chorar sobre o ombro do novo amigo que, condoído com a situação, perguntou-lhe aonde iria.

– Não tenho um lugar para onde ir e também não tenho mais dinheiro para pagar uma noite de descanso na hospedaria.

Diante da situação, o ex-publicano levou-o para dentro e deu-lhe a esteira em que dormiria para que ele descansasse e readquirisse as energias gastas tanto no trabalho do dia quanto na embriaguez da noite. Sem fazer cerimônia, o embriagado aceitou sem sequer perguntar como o benfeitor faria para repousar mais tarde. Passou despercebida a falta de cortesia do bêbado.

Após acomodá-lo, por não haver espaço, Zaqueu retornou à pedra em frente à hospedaria. Refletiria ali até o amanhecer.

Pouco tempo havia passado quando percebeu que, no recinto próximo, de onde instantes atrás saíra o embriagado, a porta se abriu novamente e, de dentro, surgiu uma jovem. Com os pés tropeçando, segurava-se no ombro de um homem de meia idade. Apesar da escuridão, notou que a mulher oferecia prazeres carnais em troca de regalias. As gargalhadas dela rasgavam a noite, mais de tristeza do que de alegria. Zaqueu silenciou para não ser testemunha de tanta perversidade. Depois, angustiou-se:

"Ela tem a mesma idade de Sarah e carrega um misto de beleza e dor."

Aproximou-se do casal sem ser notado e passou a segui-lo. Não entendia por que agia daquela maneira; mas uma força o guiava. Avançou na rua sem perdê-lo de vista até que uma matilha latiu para o casal. Na sequência, latiu para Zaqueu. O casal estranhou o fato e virou-se para verificar a quem os cachorros molestavam. Ao perceber o homem franzino e de baixa estatura, de vestes simples e semblante sofrido, assustou-se.

– Que fazes nos seguindo? – interrogou a jovem, antes que o centurião interpelasse.

Zaqueu refletiu rapidamente:

– Como responder a uma pergunta para a qual não sei a resposta? Como convencê-los que uma energia desconhecida me moveu? Como falar de algo se as palavras não me vêm?

O centurião aproximou-se e, antes de levantar a mão para desferir um golpe, as palavras vieram aos lábios do ex-publicano.

– Sigo-vos porque desejo dar novos dias a essa moça.

Novamente, gargalhadas cortaram o silêncio da noite. Porém, desta vez, partiram do centurião.

– Não vês que ela está acompanhada? Como ousas, um pobre mendigo, interpelar-me sobre a possibilidade de tomar-me a dama que me acompanha?

– Não desejo tomá-la, uma vez que a ti não pertence. Mulheres não são objetos, não são adquiridas nem se tornam propriedades de outros.

– Pois esta é minha! Paguei por ela. Duvida? Pergunta à dona do bordel. Deixa-nos em paz, velho asqueroso, senão te agredirei violentamente!

– A violência não me assusta; maior violência praticas contra esta jovem inocente que tem idade de ser tua filha. Porventura não te sentes incomodado com a possibilidade de outras pessoas conquistarem uma mulher de tua família com o intento de levá-la à devassidão? Não te repugnas o fato de deitar-te com alguém que mais exige de ti proteção e respeito do que ser tratada como um animal? Não percebes que, após usada, ela será destinada à perdição como uma louca em busca de outros parceiros que a sustentem com as migalhas do luxo ilusório? E não te causa asco levantar-te do leito e deixar ali alguém que só serviu para saciar a sede do corpo, sendo que segues com o espírito vazio? Nunca perguntaste por que tanta dor e solidão em tua vida, mesmo estando acompanhado? Por que tanta angústia a te torturar o peito sem saber qual a origem? – e Zaqueu mudou o tom, tornando-se súplice – só esta noite, amigo, segue em paz, sem destruir mais uma vida, sem desequilibrar a tua também! Deixa a luz de Cristo acender em ti!

As palavras finais de Zaqueu vibraram no íntimo do casal.

– De onde tiraste tal discurso? Exijo que me expliques! Sou centurião, não duvides de mim. Como ousas falar desse impostor que foi crucificado em Jerusalém? Por acaso não reconheces em mim a linhagem romana e o brio dos heróis?

– Nada do que descreveste condiz com tua conduta neste instante. Podes ser o que acabaste de falar, mas de que serve essa linhagem se a honra e a dignidade não seguem à frente de tuas atitudes? Se tu és o que me falaste, então, prova-me! Deixa a jovem seguir sem ser obrigada a deitar-se contigo! O que deixarás de sublime para ela sobre o cobertor, depois desta noite fria?

O centurião, desarmado ante o desafio, refletiu:

"Nunca me passou pela mente a ideia de que, agindo assim, torno-me igual aos animais. Desço do pedestal que construí e igualo-me aos demais que nada têm de honradez, prudência e equilíbrio."

– Se és idôneo... – o centurião agora verbalizou – então, por que disseste que nos seguias movido por uma atração pela jovem? Isso não será uma armadilha para tomar-me o que a mim pertence?

– O que verdadeiramente te pertence não pode ser tomado por outro. Tudo o que é teu carregas contigo aonde vás, até mesmo quando morreres, será teu. Quanto à jovem, confesso que continuo fascinado por ela, que desejo muito levá-la para longe de ti, para que, ao menos por uma noite, não venda o que há de mais sagrado: a alma.

Em pranto, a menina não continha a dor. Comovido, o centurião a deixou seguir com Zaqueu que também chorava.

– O que tens para oferecer-lhe? – interrogou o centurião.

– Um tesouro muito valioso, uma pérola que, depois de encontrada, qualquer um vende tudo o que possui para segui-la.

– E onde encontro essa pérola?

– No crucificado de Jerusalém, a quem te reportaste há pouco.

A jovem abraçou Zaqueu e, juntos, caminharam de retorno à pedra que, naquela noite, serviria de abrigo aos dois.

Os cabelos negros, longos e ondulados cobriam-lhe praticamente as costas, alcançando a cintura. Ao final, formava uma ponta. A pele suave confundia-se com a cor do mel, reluzindo ao brilho da lua; a boca bem delineada e carnuda acentuava a sensualidade, tornando-a mais atraente e também alvo de desejos pecaminosos. Esguia, revelava ser de família abastada, mas por destino ou por imprudência optara pelo tipo de vida em que ora mergulhava.

Ela não olhava no rosto de Zaqueu; permitia ser vista, mas não ousava observar o homem. Fora objeto do fascínio masculino, por diversas vezes expôs-se, mas absteve-se de escolhas. Não tinha permissão de admirar os que lhe compravam as horas.

"Para que admirar se não tenho direito a escolhas? Deito-me pelo valor que me oferecem" – esse foi seu modo de pensar até aquele dia.

Zaqueu tocou-a no queixo e levantou sua cabeça, permitindo-lhe que o olhasse.

– Não sou quem pensas! Quando falei ao centurião da atração por ti, foi para confundi-lo. Não a quero como a um objeto! Desejo que esta noite não te deites com ninguém, que fiques aqui, que me contes tuas histórias. Em retribuição, contar-te-ei as minhas.

– Quando me encontraste, falaste de certo Cristo. Conta-me sobre ele! É verdade o que narram? Que amava os hansenianos, os cegos e as prostitutas? Que a todos tratava igualmente, como irmãos? E que é filho de Deus?

Zaqueu sorriu. Não esperava que a jovem pedisse exatamente a água da vida que ele tanto almejava ofertar-lhe.

Os risos soltos e a conversa altruísta fizeram a noite passar rápido. Ninguém mais apareceu ou surgiu em frente à hospedaria. O bordel fechou as portas pouco depois da saída do casal que fora seguido por Zaqueu.

Quando o amanhecer despontou por trás dos sicômoros, o pensamento trouxe de volta o dia em que Jesus o visitara em Jericó e, para que fosse visto, subira em uma das árvores daquela espécie. Só assim tivera melhor visão da cena, quando de surpresa o Messias o chamara pelo nome e lançara a semente. Daquele dia em diante, encontrou muitas pessoas que, mesmo beneficiadas pelo Mestre, retornaram aos hábitos anteriores à benesse da cura. Contudo, muitos outros agraciados o seguiram.

Agora era Zaqueu e a vida, sua nova vida.

Lembrou-se de que o centurião, amante da jovem, chamou-o de mendigo. Então sorriu:

"É assim que devo ser chamado. De nada valeria subir tão alto no amor ao Pai se não fosse para ser visto como um simples cidadão. A simplicidade nos ajuda a atingir a consciência tranquila. Vestes e traços exteriores que revelam a dor não nos dão a certeza da transformação interior e moral. A ideia é outra. Agora não sou visto como um publicano que toma os bens do povo; meu sentimento é outro. Anos atrás, fui expulso de uma hospedaria quando me reconheceram publicano. Agora sou recebido como um mendigo. Que alegria!"

Uma senhora, funcionária da hospedaria, aproximou-se para reconhecê-los, mas só se recordou da jovem.

– Conheces essa jovem? – quis saber o ex-publicano.

– Sim, é uma das moças que frequenta o bordel.

– Doarias uma de tuas roupas para ela?

– Sim, mas para quê?

– Para seguir comigo sem ser apontada como prostituta. Isso a constrangeria.

– Vou doar a roupa. Acorda-a! Volto em breve instante com as vestes. Lamento não a levar para trocar-se lá dentro. Essa espécie de gente não frequenta locais destinados às famílias. Ela pode se trocar por detrás daqueles sicômoros.

Assim foi feito. Quando a senhora retornou, a moça já havia despertado e a esperava por trás das árvores próximas. Era muito cedo, e as ruas estavam desertas. Então, ali mesmo, sem que ninguém a visse, deu-se a transformação: escondeu--se a prostituta e revelou-se a criança que sempre fora.

Minutos depois, Samiel apareceu à porta. Sem imaginar o ocorrido, estranhou a presença da mulher. Mas conhecendo o caráter de seu antigo amo e atual amigo, calou-se e aguardou, pois, os últimos lances seriam revelados durante a jornada rumo a Cesareia.

A senhora apareceu novamente. Trazia nas mãos um cesto de frutas. Entregou-o aos viajantes e retornou aos afazeres. Foi quando o beberrão da noite anterior, que fora quase ferido pela dona da taverna, surgiu. Só então pôde ser reconhecido, pois a noite esconde o que o dia revela. Era o mesmo do dia anterior que pregava o Evangelho de Jesus na praça da cidade vizinha e que cobrava pelas consultas.

Diante disso, o ex-publicano disse a Samiel:

– Verdade, a cada um segundo suas obras. Unicamente a Deus cabe o julgamento, e somente Ele sabe o que segue no coração de Seus filhos.

O trio seguiu a jornada, silencioso a princípio para, aos poucos, revelar seus segredos. Em pouco tempo, eles alcançaram Cesareia.

Pedro aguardava somente o regresso dos amigos para oficializar sua partida. Os aldeões viviam um misto de sentimentos. Havia tristeza por saber que partia o discípulo do Cristo que lhes ensinara a pescar o amor mar adentro; alegria pela permanência de Zaqueu, que os orientara a semear o bem e a colher a paz.

O discípulo seguiria para a Antioquia. Encontraria outros discípulos e continuaria sua missão. Zaqueu e Samiel dariam sequência à construção de uma das mais sólidas igrejas de Jesus, às margens do Mar Mediterrâneo. E assim foi feito.

Capítulo 13

DESPERTAR

Samírah, a recém-chegada na aldeia, tinha um comportamento estranho. Zaqueu, quando chegou de Jericó, a deixou sob os cuidados de Samea. Cabisbaixa, escondia-se com frequência, como se algo ou alguém a incomodasse. Em uma noite, retirou-se da tenda próxima à Casa Central, em Cesareia, e dirigiu-se ao mar. Jonas, jovem perspicaz, pressentiu que ela planejava algo errado. Como a observava há dias – até mesmo mais do que Zaqueu, que se ausentava constantemente para cuidar da lavoura –, alcançou as ideias desequilibradas da jovem. Antes, verificou se de fato ela faria na praia o que ele temia. Não parava de segui-la bem de perto. Sabia que não seria ouvido, pois o som do vento lhe abafava os passos.

O vento frio e forte balançava os coqueiros dando um clima ainda mais sombrio à cena. Ela avançou na areia, sem perceber Jonas; chegou ao mar e, antes que se jogasse bruscamente sobre as ondas, ele a segurou pela cintura. Debateu-se, mas foi em vão, os braços que a retinham fizeram dela prisioneira. Pensou em gritar, mas lembrou-se que acordaria todos na aldeia, e seria complicado explicar o que acontecia. Acalmou-se e esperou que o estranho a depositasse de volta ao chão, mas isso não aconteceu. De repente, sentiu que ele a levava para casa. Distante das ondas, formando uma barreira contra o mar, colocou-a de volta na areia.

Virou-se e reconheceu o amigo. Escondeu o rosto entre as mãos e chorou. Paralisado diante da situação, sem entender o motivo da reação, ele se manteve calado até que Samírah quebrou o silêncio.

– Espero um filho.

Jonas sorriu e, como se não entendesse a gravidade da notícia, abraçou-a.

– Que bom!

Adoramos crianças. Viste quantas temos aqui? Muitas são filhos dos moradores, mas a maioria é de pais mortos ou desaparecidos. Certamente observaste como todas são tratadas com carinho.

– Não sou casada, minha condição de ex-prostituta me condena.

– Então não compreendeste o Evangelho do Cristo? Como pensas em dar cabo à própria vida se foi Deus que a deu e apenas Ele poderá tirá-la de ti? Não serás menosprezada ou ridicularizada somente porque não és casada e terás um filho. Discípulos do Cristo, amamos acima de nossos preconceitos. Não foi tua culpa. Voltemos e nunca mais penses em repetir esse ato de loucura. Amanhã cedo comunicarei aos moradores da aldeia a dádiva que Deus te concedeu, para que percebas como te respeitarão ainda mais. Em verdade, trazes em ti um ser divino, enviado pelo Pai para nos alegrar.

Confiante que tudo aconteceria conforme Jonas previu,

Samírah caminhou de volta à aldeia com firmeza no olhar. De fato, a notícia foi recebida com alegria no dia seguinte e, à noite, uma festa foi preparada; dançaram, sorriram e brincaram. Não cabia nela tanta felicidade. Criaria seu filho junto aos novos amigos. Quem sabe se casaria! Era um sonho plantado na mente desde menina.

Naquela noite, durante o sono, Filipe surgiu diante deles para aprovar o ato realizado. Aplicaram as lições da Boa Nova, amplamente, com aceitação e amor.

No dia seguinte, Zaqueu orientou as aldeãs a ajudarem Samírah. Ela não sabia ser mãe, nem o que era uma gravidez. Aos homens, solicitou a construção de um cômodo para a jovem. Era justo que tivesse um lugar só seu, onde a nova vida ganharia forma. Nesse momento, Jonas, o aldeão que a salvou, pediu entendimento particular com o ex-publicano.

– Desejo revelar-te um segredo – iniciou o jovem – tenho-te na condição de pai. Assim, gostaria que me orientasses em um dilema que vem me tirando o sossego há alguns dias.

– Se faz alguns dias, filho, deverias ter te apressado em compartilhá-lo comigo. A dúvida não deve se prolongar, deve ser sanada com urgência – disse Zaqueu, mantendo a serenidade para buscar no ouvinte a tranquilidade e obter a verdade das palavras.

– Necessitava de tempo para ter a certeza do que te falarei, mas somente ontem a obtive.

– Fala o que te aflige, e veremos como ajudar-te.

– Quando Samírah chegou aqui, contaste a todos o passado dela. Seria injusto inseri-la em nosso meio sem revelar-nos a procedência dela. Colocaste à prova nossa confiança, tolerância, benevolência, e fomos aprovados com louvor.

– Sem dúvida, nunca vi tanta gentileza ao se recepcionar uma pessoa!

– Não foi difícil para nós, ela é muito meiga e gentil – os olhos do rapaz alcançaram os do ex-publicano com um brilho diferente. – Não é complicado amar quem merece ser amada.

– Continua! – a solicitação de Zaqueu foi feita em tom de cumplicidade, pois ele sentiu a mudança de vibração na narrativa que seguia o caminho dos sentimentos sublimes.

– Decerto, a menina deixou-se levar por atitudes menos dignas devido à falta de orientação na adolescência. É como sempre nos falas: não é nossa culpa, só agimos erradamente por falta de experiência, de maturidade.

– Falas com sabedoria.

– Tudo isso me fascinou. De início, pensei ser loucura minha, depois concluí: por que seria loucura amar essa mulher? Por qual motivo ela não merece ser amada e respeitada por mim? Não seria digna de ser minha esposa, por quê? Essas perguntas me levaram a crer que, se eu não me permitisse sentir esse amor, tornar-me-ia igual aos homens que a levaram ao precipício no qual a encontraste quando do resgate.

– Estás certo do que falas?

– Trouxeste-a até aqui sem razão nenhuma? Deus condenaria uma jovem a viver na solidão, acusada de erros que nem mesmo tem consciência de como e por que aconteceram? Não será justo ter uma segunda chance ao lado de quem a ama e de quem a ajudará a educar o filho que leva no ventre?

– Tuas palavras são fortes, filho, mas isso não depende somente de mim. Precisamos ouvir a moça.

– Então, ouve-a. Por esse motivo falei-te de meu amor

por ela e de minha angústia em estar distante dela. Leva-lhe a minha decisão e implora que me aceite como esposo. Dize a ela que a escolhi.

– Atenderei teu pedido ainda hoje, para que não se demore tua agonia. Sabe que a ajudarei a tomar a melhor decisão. És um dos nossos melhores homens da aldeia. Nenhuma queixa há contra ti; só elogios a respeito do teu trabalho. Certamente serás um bom companheiro.

À noite, Zaqueu procurou Samírah que refletiu, enquanto permitia que o ex-publicano se aproximasse:

"Todas as vezes que esse senhor se aproximou de mim, algo de bom aconteceu."

– Espero que a vinda dessa criança ocupe um pouco mais teu tempo. Percebo-te preocupada com as tribulações da vida, quando, na verdade, deverias confiar mais em Deus. Ele tudo sabe, tudo vê e tudo concede, mesmo antes de formularmos a súplica.

– Teus ensinamentos são tão profundos que fico em dúvida se os compreendo bem.

– É natural que isso aconteça antes que a sabedoria do Messias crie raízes em nós, dando-nos segurança para seguir sem vacilar – observou o ex-publicano, achando-a mais serena. E continuou:

– Estás aprendendo o ofício de mãe?

– Sim. Não só estou aprendendo a ser mãe como também a ser mulher, com direito a conhecer a culinária, o feitio dos artesanatos e os afazeres domésticos.

– Então, com tantas mudanças, não pensas em casar-te?

Samírah sorriu e afagou a mão do amigo antes de falar sobre o assunto.

– Esqueces a minha condição?

– Realmente, não me recordo de tua condição. Confesso que não sei do que falas. A pessoa que se apresenta diante de mim neste momento é meiga, bela, educada e muito tem lutado pela própria transformação moral, com o objetivo de iluminar o mundo e as pessoas à sua volta. Lembrar-se do passado ruim e trazê-lo de volta ao presente é torturar-se novamente.

– Pensar em casamento não seria uma precipitação de minha parte? Quem desejaria unir-se em matrimônio a uma ex-prostituta?

– Isso é impossível?

– Se não for impossível, o que será então?

– Tenho um pretendente para ti, que muito te ama.

– Não ama! Encantou-se com minha beleza!

– O mundo pode ter mil espinhos que acabam por ferir. Mas existem pessoas dignas que nos amam incondicionalmente e transformam espinhos em flores.

– Custa-me crer. Talvez porque os homens que encontrei no caminho agiam de modo diferente desse personagem de tua história. Imagino que igual ao Cristo não há ninguém.

– O Messias é nosso modelo de perfeição, não para ser só admirado, mas para ser seguido, imitado e abrigado em nós.

– Tudo isso é muito belo; não mereço que gastes teu tempo comigo.

– Desejas saber quem é o pretendente?

Zaqueu narrou a conversa que teve com Jonas.

– Se contas, eu acredito! No entanto, esclarece a ele todo o meu passado, como me encontraste e quem realmente sou.

– Só se eu o fizer novamente, porque após contar-lhe cada detalhe dos acontecimentos que vivemos juntos, desde aquela noite na rua da hospedaria, ele me garantiu que permanece convicto da decisão e implorou-me, mais ainda, que viesse conversar contigo.

– Então, diga-lhe que aceito ouvi-lo em local público. Pode ser amanhã, na terceira hora do dia. Estarei neste mesmo lugar. Se de fato ele me ama, quero ouvir dos próprios lábios dele. E não te preocupes, não o farei sofrer, assim como não quero isso para mim.

A conversa terminou com a decisão da jovem.

No dia seguinte, na hora marcada, ali estava Jonas, no centro da aldeia, onde todos poderiam avistá-los. A conversa não foi demorada; bastou se olharem para descobrir que seguiriam juntos.

Um mês após esse episódio, casaram-se em uma cerimônia simples, celebrada por Zaqueu. E ao invés de Samírah residir no cômodo que construíram para ela, preferiu dividir o espaço que já pertencia ao marido.

Os dias seguiam tranquilos nas duas comunidades. Os moradores, satisfeitos com a administração dos seareiros vindos de Jericó, dedicavam-se às tarefas diárias com mais afinco. Mas de súbito, sem explicação aparente, Zaqueu teve sonhos reveladores que o orientaram a partir para outras terras. Lembrou-se de que Jesus instruíra os discípulos a seguirem ao encontro dos gentios. Sua mensagem deveria espalhar-se por todas as nações. Veio-lhe à mente a figura de Paulo, apóstolo que percorria o mundo semeando a Boa Nova, e o encontro que tivera com ele.

Imaginou como viveriam os discípulos do Cristo em lugares distantes, onde os desafios eram enormes. Ele não estaria muito acomodado em Cesareia? Não seria necessário enfrentar novos embates?

Os ensinamentos de Pedro, aliados aos seus, tornaram os habitantes das duas aldeias cidadãos conscientes e bravos. Depois, havia entre eles muitos homens e mulheres que poderiam assumir o posto de comando.

Samiel partiria com ele. Mas antes de determinar, permitiria ao amigo tomar a decisão por si. Afinal, muitos agora sabiam ler e escrever; a atividade não acabaria em sua ausência, teria continuidade.

Esperou a colheita e, consequentemente, o aumento dos dividendos. Em seguida, comunicou sua partida, que foi recebida com muita tristeza. Havia poucos anos que Pedro partira. Imaginaram, de imediato, que Samiel lhe seguiria os passos. Nenhum homem ousaria viajar sozinho por terras tão áridas. Eram companheiros. Tampouco a idade avançada de Zaqueu permitia certos exageros.

Antes da partida, Eleazar, o enfermo que realizava a tarefa de separar as sementes, aproximou-se e tocou-lhe a mão. Em seguida, pediu para ser observado mais de perto. Levantou a túnica revelando os braços, depois mostrou as pernas. Todos viram que não havia mais manchas, estava curado.

– Desde o dia em que me tocaste pela primeira vez, senti-me curado. Teus ensinamentos revelaram minhas fraquezas, o quanto eu era orgulhoso e egoísta. Com isso, passei a modificar pensamentos, ações e palavras. Hoje, minhas são aquelas pessoas que me amam como sou e que me ensinaram a amá-las. Meu é o que carrego na consciência e no coração. Inimigos, já não os tenho, perdoei a todos os que me magoaram e pedi perdão àqueles que não me receberam quando moribundo. Dor, só a da consciência, revelando-me que posso mudar mais e mais, sem estacionar na culpa por atos que pratiquei no passado; sem preocupar-me com o futuro, pensando somente no presente. É nele que elaborarei conteúdos diferentes todos os dias, tendo como base a Boa Nova. Agradeço-te por me aceitares com meus defeitos. Mudaste minha vida! Estou curado e não quero voltar ao mundo das ilusões. O que lá deixei, ouro, dinheiro, terras, casas... não me interessa mais. Somente a Deus entrego minha alma. Prefiro ficar aqui, perto daqueles que me amam de verdade.

As palavras de Eleazar soaram como sementes de luz lançadas. Os moradores das duas comunidades revelaram muitas outras alegrias. Foram mudanças ocorridas na vida deles, cujas graças dedicavam ao ex-publicano. Durante a conversa, Zaqueu manteve-se em silêncio.

– Levo para sempre o reflexo de cada habitante destas duas aldeias em minha alma – falou o ex-publicano, praticamente chorando.

Daí a três dias, eles seguiriam em direção a Tiro, cidade que recebera a visita de Paulo e na qual agora se travavam duelos contínuos entre as religiões tradicionais e os novos conceitos cristãos.

Capítulo 14

EM TIRO

TIRO, CIDADE POR ONDE haviam passado Estêvão e Paulo, não passaria despercebida por Zaqueu. Ali, o antigo publicano, agora a serviço do Mestre, implantou uma das maiores igrejas de Jesus, com muitos adeptos. Outros discípulos passavam pela cidade. Por estar em local privilegiado, no corredor que ligava Israel aos países da região Norte, dominados pelo Império Romano, tornou-se de grande importância.

Quando chegaram, o ex-publicano e o escravo liberto procuraram os amigos indicados pelos companheiros de Cesareia. Não existia um em particular, mas um grupo que os auxiliaria na pregação e na procura de trabalho, pois aonde iam, não aceitavam que os pregadores da Boa Nova os sustentassem. Os novos cristãos eram pessoas simples, com pouca condição financeira. Não seria justo aumentar-lhes as despesas.

Perceberam que a maioria dos habitantes da cidade menosprezava a mensagem cristã, mantendo antigas crenças judaicas, originárias da Torá ou dos deuses pagãos da Grécia e de Roma. Para evitar qualquer constrangimento e até mesmo serem atacados, agiam com discrição. Só quando havia certeza da crença do outro é que o abordava.

Após breve contato com os cristãos do lugar, souberam de um sítio bem próximo da cidade que abrigava os pregadores. Dirigiram-se imediatamente ao local. Ao falarem de Pedro e de Paulo, foram bem acolhidos. Trouxeram-lhes esteiras e alimentos para uma noite tranquila. No dia seguinte, descobririam do que vivia aquela gente e como fariam para ajudá-los, sempre de forma cooperativa, proposta pelo ex-publicano.

A noite revelou-lhes fatos novos. Quando se viram fora do corpo, houve contato com seres celestiais; cenas magníficas foram plasmadas. A voz de Paulo falou-lhes em sonho:

– O trabalho constante no bem é uma decisão do servo de Deus. Cada um sabe o tempo que dedicará ao serviço divino, mas a ociosidade e o repouso em demasia são perniciosos e podem prejudicar a tarefa a ser desenvolvida. Atentai para os momentos vagos e para as horas de lazer, que não podem ser excessivas, e observai, principalmente, se revelam caráter construtivo. Executai o que vos foi confiado, tendo a certeza de que agis corretamente. Lembrai-vos: diante das grandes provações, os servos são testados. Mas a cada dificuldade vencida, crescem, já que elas foram impostas para sua própria evolução. Tendes a opção de escolher como e quando agir, mas isso não altera muito a solução do problema, desde que o façais. O amor e a confiança na pregação da Boa Nova farão toda a diferença, pois o bem se promove praticando-o. Trabalhai pela própria evolução, ao tempo em que auxiliais o próximo no mesmo propósito. Então vereis o amor crescer como flores desabrochando. Todavia, para que as ervas daninhas surjam, basta que canalizeis por instantes o pensamento no erro. Então, cuidai do que cultivais na casa mental. Lembrai-vos: somos constituídos por impressões diversas e, em contato com o mundo material, modificamo-las. Misturamos instintos, sensações, desejos, emoções, sentimentos. Porém, na verdade, todos devem ser trabalhados progressivamente, para alcançarmos a harmonia. Se os extravasamos com nossas atitudes, poremos a obra a perder.

Os peregrinos de Jericó sentiam o aroma da noite, e as cores que preenchiam o ambiente. O vento soprava na praia e trazia sensações diferentes das do mundo habitado pelos encarnados. Aos poucos, a matéria densa atraiu-os e, quanto mais lutavam para permanecer no campo dos sonhos, mais os sentidos do corpo os puxavam para próximo de si. Despertaram.

– Zaqueu! – chamou Samiel. Ao perceber que foi ouvido, continuou: – Um sonho interessante tomou-me logo após adormecer. Havia uma grande floresta, com plantas coloridas e Paulo falando belas palavras, aconselhava-nos.

– Comigo aconteceu igual, mas ao voltar para o corpo físico, esqueci-me de quase tudo o que vi e ouvi. Não foi muito diferente do que narraste e foi aqui, na praia.

– Decerto, o sonho tem relação com nossa missão nesta cidade. Oremos para termos sucesso em nossa empreitada!

– Depositaremos no Crucificado nossas esperanças. Tudo o que passarmos aqui haveremos de suportar com resignação.

– Daremos continuidade ao trabalho. O tempo dedicado ao serviço no bem é definido por nossa própria consciência e nossa capacidade física. Não nos esforçaremos além do limite, mas também não deixaremos de trabalhar por motivos fúteis. A decisão primeira é nossa. Só depois que a abraçarmos verdadeiramente, a espiritualidade tomará partido. Por isso, o tarefeiro deve estar pronto.

– Concordo! Para garantir o sucesso da empreitada, seguiremos as orientações do Messias: olhar, orar e vigiar um pelo outro. Se um errar, o outro lhe chama a atenção imediatamente.

– Assim agiremos, sem desprezar os conselhos dados pelos orientadores espirituais. É preciso coragem para seguir em frente, mesmo sabendo que a dor virá e que teremos de fazer escolhas difíceis.

Zaqueu concordou com o amigo. Na sequência, adormeceram novamente para despertar somente no dia seguinte.

Rebeca veio ao encontro dos novos visitantes trazendo o desjejum. Depois, apresentou-lhes os familiares, David, o esposo, e Natanael, o único filho.

– Agradecemos a recepção. Caminhávamos há muitos dias; sem a ajuda de animais no transporte, torna-se cansativa a viagem. Não que eu esteja reclamando, mas o calor nos maltratou demasiado! – Samiel revelou as dores, sem intenção premeditada.

– Compreendo! Em algumas estações do ano, as longas jornadas são mais difíceis. O calor abrasador e a falta de água tendem a maltratar – David demonstrava serenidade no trato com os amigos.

– Mas, para tudo Deus dá um jeito; os cantis nos auxiliaram muito.

– Lamentável é a falta de animais para o transporte. Se desejardes, cederemos alguns para a continuidade da viagem.

– Não será preciso – disse Zaqueu – passaremos bom tempo aqui. Depois seguiremos para lugares não muito distantes.

– Logo mais à noite nos reuniremos aqui em casa. Se quiserdes, podereis participar. Será uma honra tê-los conosco. Quem sabe proferirás algumas palavras para aumentar nosso conhecimento!? – argumentou Rebeca com a voz carregada de alegria.

– Decerto participaremos!

– Que bom! A visita dos discípulos do Cristo estimula os iniciados na perseverança da fé e a trabalhar no bem.

Voltando-se para David, o ex-publicano interpelou:

– É possível encontrar boa terra para o plantio?

– Claro. Eu mesmo cederei uma das minhas para cultivardes o que desejardes.

– Pagaremos o arrendamento da terra com parte da colheita.

– Não é necessário pagamento. A terra pertence a Deus, guardava-a para quando chegásseis – as palavras de David revelaram sua grandeza espiritual e sua devoção ao cristianismo.

– Mesmo assim, insistimos em dar-te uma parte – disse Zaqueu. – Caso não queiras para ti, divide-a com os mais pobres da comunidade. Peço também a permissão para levar fiéis do Cristo para ajudarem no trabalho.

– Sim, sem dúvida, será um prazer! Eu mesmo, nos momentos vagos, plantarei e colherei convosco.

Zaqueu desejou ver a terra de imediato. Caminhou pouco e alcançou-a. Era excelente! Dariam início ao trabalho logo após reunirem um pequeno grupo de pessoas. Trabalhariam unidos.

À noite, encontrou-se com os cristãos de Tiro. Quando todos estavam atentos, sentados em volta de uma pequena figueira, carregada de frutos e folhas, David tomou a palavra:

– Irmãos! Ontem chegaram à nossa casa servos do Messias que trazem grande conhecimento da Boa Nova e exemplos de renovação. Peço a Zaqueu, ex-chefe dos publicanos da região de Jericó, que nos ilumine com suas palavras.

Lembrando-se do sonho que tivera, deu início à preleção:

– Um servo do Cristo alcança novos conhecimentos ao longo da jornada, sem tornar-se um parasita. Mantém-se no caminho que leva ao Pai, como uma fortaleza, vacilando o mínimo possível. Atentai: o menor será o maior, pois mais vale servir do que ser servido. Os atos cometidos no passado, quando ainda nos faltava a compreensão cristã, devem ali ficar. Caminhai sem olhar para trás. Digo isso para que entendais: toda transformação exige mudança, de visão, de audição, de sentido e de verbo. Jesus nos ensinou que, sendo uma figueira seca, cavaremos a terra árida do coração com as forças da perseverança e da temperança. Logo após, adubaremos o campo da consciência com o humo da sabedoria, do amor e das boas ações. Com isso, refaremos os pensamentos. Na sequência, será lícito regá-la com as palavras doces do Evangelho. Quando assim se pronunciou, ele assegurou-nos da capacidade de, em breve espaço de tempo, quem sabe apenas um ano, produzirmos frutos tão belos e saborosos quanto estes que vemos nesta figueira. Cabe a cada um edificar-se. Mas o amor e a coragem são fundamentais para seguir em frente, pois são os alicerces da transformação que demoverão as montanhas de imperfeições, as dificuldades e as dores. Fazei a vossa parte. Depois, juntos finalizaremos a obra do Senhor. Ninguém opera sozinho. O Cristo garantiu-nos que sempre estaria conosco. Bastam duas ou mais pessoas se unirem em pensamento em torno do seu nome. Assim, valorizou o trabalho em grupo. Então, busquemo-lo no silêncio da alma, pois bem-aventurados serão os mansos, porque herdarão a Terra no tempo da regeneração. Bem-aventurados os que calarem as palavras injuriosas, porque os que sentem fome e sede de justiça serão fartos. Nas ações benéficas em prol do próximo, os pacíficos tornar-se-ão filhos de Deus. Na renovação das atitudes, os puros verão a face de Deus. Quando erramos, faltam-nos forças para seguir adiante. Então, passamos a desconfiar das nossas possibilidades e dignidade para estarmos sob a luz divina. Assim nos entregamos às mazelas da vida. Nesses instantes, cientifiquemo-nos se realmente falhamos a ponto de merecermos o desprezo divino. O Messias deu preferência aos caídos, àqueles que o mundo desprezou. Espelhai-vos em suas palavras bondosas, em suas atitudes que promoveram o bem, em suas ações que ergueram os caídos. Somos imortais. Levamos em nós um oceano de experiências e conhecimentos, mas muitas vezes agimos movidos por energias estranhas que fazem parte de nós. Assim, diante dos embates da vida, saibamos perdoar, mesmo antes que nos ofendam, mesmo que tenhamos razão, mesmo que o outro não entenda nossa postura e atitude. Essas energias têm origem em situações pretéritas e, para harmonizá-las, somente o perdão. Perdoar nos faz avançar, subir além da condição humana e alcançar voos mais altos. Sua ausência impede que nos amemos e, em consequência, que amemos o próximo. Com isso, acorrentamo-nos ao passado e transformamo-nos em escravos do próprio delito praticado.

A multidão, atenta, ouvia a palestra que seguiu noite adentro. Ao final, passaram aos questionamentos. Desta vez, não só Zaqueu esclareceu as dúvidas, mas também Samiel fez parte do banquete de ideias renovadoras.

Antes do término, perguntaram aos ouvintes quem tinha tempo livre para cultivar a terra que serviria para sustento daqueles que por ali passassem em situação difícil. Para surpresa dos recém-chegados, um grande número de cristãos atendeu ao chamado e se colocou à disposição para iniciar a tarefa no dia seguinte.

Naquela cidade, Zaqueu passaria muitos anos. Depois, seguiria.

Capítulo 15

EM CHIPRE, ANTIOQUIA E, POR FIM, COM JESUS

A VEGETAÇÃO ESTENDIA-SE AO longo do caminho. O vento frio do início do inverno e o sol, escondendo-se por detrás das nuvens, relembravam Jericó. As noites mais longas e sombrias, o som das ondas batendo na praia, recordavam Cesareia, cidade em que se demoraram mais tempo, depois da conversão.

Eles, porém, estavam em Chipre, pequena ilha do Mar Mediterrâneo. Ainda houve tempo para encontrar pessoas que ouviram os ensinamentos de Marcos, pronunciados por ele próprio. Os cristãos do lugar presentearam Zaqueu com uma cópia do Evangelho escrito por esse magnífico discípulo de Jesus.

Passou por muitos lugares, sempre entregue ao cultivo do campo e à reforma dos pensamentos e das atitudes. As lembranças do passado vinham à mente, mas, em seguida, a presença de um novo irmão, à procura de uma palavra amiga, mudava sua vibração.

Nunca negava ao próximo o que Deus lhe dera de graça. Derramava sobre eles os conhecimentos que adquirira ao longo da vida. Assim, libertava-os da ignorância e iluminava seus caminhos. Quando se sentia só, encontrava no velho amigo, que um dia fora seu escravo, a companhia ideal. Conversavam durante horas e, em uma dessas conversas, questionou-o:

– Samiel, por que te deixaste escravizar? Eu mesmo te dei a oportunidade de liberdade várias vezes e recusaste todas. Com o conhecimento que possuis, serias um grande estadista, terias ocupado cargos de confiança, talvez tornar-te-ias um doutor da Lei. Por que te negaste a isto?

– De que adianta muito conhecimento e não compreender os ensinamentos cristãos? Para que tanto saber e nenhum amor no coração? Assim como tu, eu também esperava Jesus. Esse encontro foi para milhares, por isso perseveramos juntos.

O velho de Jericó olhou na face do homem crescido, conhecido desde a adolescência, e agora o viu transformado em um servo de Deus, mais sublime do que um líder político e mais brando do que os sacerdotes da Lei. E Zaqueu refletiu:

"Ele leva tanto amor em si e traz tanta paz no olhar! Hoje compreendo por que não trocou os passos ao lado do Cristo por alegrias efêmeras. Foi um escravo perante os homens para ser livre diante de Deus!" – depois o ex-publicano disse-lhe: – Samiel! Todas as vezes que penso te conhecer, sempre tens algo a dizer que me faz refletir. Não sei se teria chegado aqui sem ti.

– A mim, nada deves, nem o menor agradecimento. Chegaste até aqui porque te devotaste a Jesus. Somente a ele deves o que a vida te proporcionou. Foi por ele e não por mim que seguiste em frente, sem olhar para trás um instante sequer.

– Compreendo. Obrigado por lembrar-me a quem devo agradecer. Se não fosse aquele encontro em Jericó, se o Messias não despertasse em mim sentimentos tão puros, talvez ainda acumulasse bens materiais. Sabes, agora, sinto-me bem mais rico do que antes. Talvez não exista em todo o mundo alguém que tenha recebido de Deus oportunidade maior do que a minha. Se não fosse meu despertar, retornaria à Terra várias vezes para consertar um único defeito em mim, a ambição, tão grande que me fazia cair constantemente.

– Para nós, as dádivas que recebemos de Deus sempre são as maiores que existem. É isso que faz d'Ele o ser supremo. Claro que tua oportunidade foi a maior entre todas que existem em teu mundo, pois te encontras mergulhado em tuas próprias vivências. Foste inteligente! Mantiveste a força de tua ambição, mas mudando o foco: em vez de olhares os bens materiais, passaste a visualizar os dons espirituais. Por isso te sentes cada vez mais rico das graças de Deus. A mesma força que nos leva a praticar o mal pode ser convertida em ações no bem. Foi assim com Paulo, com Madalena, com Mateus...

– E quanto a ti, como te sentes, Samiel?

– Muito rico, talvez o homem mais rico que Deus colocou na Terra. Sigo minha jornada, exatamente como planejei. Vivia como escravo, mas sempre me sentia livre, porque liberdade é algo que trazemos em nós. Cresci como servo de um homem que me ensinou a respeitar os bens materiais e depois me abriu os olhos para o Reino de Deus. Não tive riqueza física. Além de meu corpo, que considero um grande tesouro, nunca me faltaram os dons espirituais. Assim, sou feliz, talvez o mais feliz da Terra.

– Compreendo; a cada um a certeza de ser o mais venturoso da Terra, para com isso alcançar voos maiores.

O inverno passou e, após o cumprimento de algumas tarefas, entre elas a fundação de uma igreja cristã em pequeno vilarejo da ilha, seguiram rumo a Antioquia. Na travessia do mar, estagiaram alguns dias em Damasco e depois seguiram viagem.

Constantes perseguições sofriam os discípulos. De todos os lugares chegavam notícias das prisões. Os mais perseguidos não gozavam liberdade nem por um ano, pois outras acusações surgiam, forçando-os a regressarem ao cárcere, onde se demoravam muito tempo. Assim, muitos livros cristãos foram escritos ali, nas masmorras.

A prisão servia de momento de repouso e de reflexão, antes de dar sequência à caminhada. Como Zaqueu limitou suas pregações aos países da Ásia Menor e proximidades, o nível de segurança era maior. Porém, não se livrou das abordagens dos que se declaravam inimigos da doutrina do Crucificado, ao que ele respondia sem fugir à fé cristã e à crença inabalável na Boa Nova. Sob nenhuma hipótese negou servir ao Cristo.

Durante a jornada, seguia à risca os ensinamentos de Mateus e de Madalena, adquiridos nos primeiros anos de conversão em Cafarnaum, quando absorveu importantes conhecimentos sobre o cultivo da terra e sobre a gentileza de trabalhar em equipe, no plantio de novas sementes. Com Pedro e Filipe, em Cesareia, aprendeu a conhecer e a amar a dor do próximo e a administrar exemplarmente. Conduziu de modo admirável as duas aldeias que lhe foram confiadas. Por último, houve o contato com as escrituras de João Marcos e os ensinamentos de Paulo. Agora, refletia sobre cada palavra, cada história e cada parábola de Jesus nelas contidas.

Nas pregações, os termos do Evangelho eram fundamentais, mas usava a intuição para acrescentar algo de si. Nunca se esquecia de falar sobre o encontro com Jesus e o dia em que ele repousou na casa de campo, em Jericó.

Samiel seguia os passos do amigo. Sua tarefa continuava diferindo da dele: dedicava-se a alfabetizar crianças, jovens e adultos que demonstrassem interesse pelo aprendizado do grego ou outro idioma que lhes fosse útil. Já o ex-publicano voltava-se para a semeadura do trigo; era o plantio da semente do amor na terra.

Com sabedoria, Samiel servia-se de palavras que alcançavam diretamente a alma dos pequeninos. Quando partia das aldeias e cidades, deixava grande grupo de pessoas conhecendo as Escrituras e reproduzindo-as. Para isso, não exigia retribuições.

Zaqueu deixava terras imensas fertilizadas. Geralmente, plantava e colhia várias safras. O povo da região, que vivia da agricultura, agradecia-lhe. As técnicas ensinadas por ele garantiam colheita certa e farta.

Realizavam o que o Cristo lhes ensinou. Tudo o que faziam era somente continuidade da semeadura iniciada por ele. Não se apropriavam de algo que não lhes pertencia. Honravam e amavam o trabalho executado, sem falseá-lo; não mentiam nem enganavam. Eram fiéis aos ensinamentos repassados. Faziam de suas vidas o exemplo vivo da Boa Nova. Esse processo facilitava a divulgação do cristianismo e a aceitação dos novos conceitos por parte de quem os ouvia.

Chegaram a Antioquia, último pouso na paragem terrena. Desta vez seria diferente: não cultivariam a terra, nem alfabetizariam crianças e adultos; dedicar-se-iam exclusivamente à pregação do Evangelho de Jesus. Percorreriam toda a cidade e redondezas, implantariam novas igrejas em lugares afastados do centro urbano.

Assim, iam à praia e de lá partiam com os pescadores, ensinando-lhes as parábolas de Jesus. Às vezes, tantos fiéis se reuniam em torno deles que a praia mais parecia um templo de oração em frente ao mar. Depois retornavam e continuavam as pregações nos mercados, ruas e praças da cidade.

Dormiam em casas diferentes, para que mais pessoas os ouvissem, principalmente em lares distantes ou naquelas onde os moradores não podiam vir até eles por motivo de saúde ou por outras dificuldades.

A velhice, mais presente na face e no corpo cansado de Zaqueu, dificultava-lhe a caminhada. Mas o coração cheio de esperanças e a mente repleta de bons pensamentos mantinham-no firme na jornada. Sem vacilar, seguia cada passo do Crucificado.

Por onde passava, pessoas o acompanhavam. Nas noites, sob o brilho da lua, multidões se aglomeravam. Vinham de lugares distantes e diversos para ouvir seus ensinamentos. Agora, narrava com maestria a mensagem do amigo incondicional de todos os instantes. Juntava àqueles ensinamentos suas histórias de vida, seus exemplos de renovação, seu esforço para seguir o caminho reto e sua busca incansável de servir ao Pai por meio do Filho.

As transformações, as mudanças de conduta, a restauração da saúde, alteração de percurso e a conversão aos princípios do cristianismo pelas quais passavam as pessoas que mantinham contato com ele não o envaideciam. Ele sabia que tudo pertence ao Cristo, sendo ele um mero instrumento.

Evitava o cultivo do orgulho e do egoísmo, considerados por ele o joio do cristianismo.

O vento lhe obedecia ao menor sinal e conduzia sua voz aos mais distantes. Com isso, derramava sobre a multidão energias benéficas, restituindo a alegria e afastando a dor e a tristeza. A terra, sempre companheira, dava exemplos de fertilidade quando em contato com ele. Os animais, meigamente, deitavam-se a seus pés. As plantas exalavam aromas para perfumar suas noites. Não possuía bens materiais, mas uma sinfonia de bênçãos rodeava sua vida.

Certa manhã, Zaqueu avistou um homem sentado na areia da praia. Sem saber de quem se tratava, aproximou-se e sentou-se ao lado dele.

– Cansado, Zaqueu? – soou a voz do estranho, serenamente, aos ouvidos do homem de estatura baixa de Jericó.

– Não, satisfeito – respondeu-lhe.

– Pronto para a partida?

– Sim, sempre estive.

– Ainda te recordas de nosso encontro?

Agora o ex-publicano verificava que o semblante meigo daquele estranho possuía o brilho do sol e a serenidade da lua. A pele trazia o frescor das anêmonas e o hálito era como uma fonte de divina luz em renovação constante.

– Jamais esquecerei.

– Então, vamos! Hoje sou eu que te convido para um banquete na casa de meu Pai.

Mais tarde, Samiel encontrou o corpo imóvel do amigo sobre a areia da praia. Deitou-se ao lado dele e, amorosamente, deixou que o sol os aquecesse.

Conheça também:

Reflexões diárias de Blandina
César Crispiniano • Blandina (espírito)
Mensagens mediúnicas • 10x14 cm • 144 pp.

Na aflição dos dias atuais, o ser humano se agita ante as dificuldades atrozes e acaba agindo por impulso. Com o objetivo de contribuir para minorar esse quadro vivencial, Reflexões diárias de Blandina traz a motivação necessária para que o leitor pense na sua vida, nos seus sonhos – ou mesmo nos seus problemas atuais –, e reflita melhor sobre eles.

Confia e segue
César Crispiniano • Blandina (espírito)
Mensagens mediúnicas • 10x14 cm • 144 pp.

Confia e segue é um livro composto de mensagens simples e diretas com a finalidade de impactar nossa vida e nossas atitudes.

São textos que certamente irão tocar seu coração, ideais para leitura diária: você escolhe um texto e ele certamente servirá para boas reflexões ao longo do seu dia.

Confissões de sabedoria e amor
César Crispiniano • Marie Sophie (espírito)
Romance mediúnico • 16x22,5 cm • 256 pp.

Confissões de sabedoria e amor, romance do Espírito Marie, psicografado por César Crispiniano, se divide em quatro confissões: a primeira delas pertence a Lídia, personagem vivido nos tempos da Gália, à época de Júlio César e Vercingetórix, e permeia os principais momentos da guerra entre romanos e gauleses, culminando na decadência da cultura céltica. O amor está presente na união entre a protagonista e Arthur, mas os limites dos costumes vigentes os impedem de seguirem juntos.

Aconteceu na Galileia - vols. 1 e 2
Claudia Ayres • Pedro (espírito)
Romance mediúnico • 16x23 cm

Aconteceu na Galileia dá vida e voz a alguns personagens encontrados no Novo Testamento, e a fatos acontecidos a discípulos e seguidores do Mestre, no tempo em que ele esteve entre nós.